中等职业学校汽车制造与检修专业新课程教学用书

汽车制造概论

QICHE ZHIZAO GAILUN

饶敏强　陈佩娜◎主编

人民交通出版社股份有限公司
China Communications Press Co.,Ltd.

内 容 提 要

本书共分4章,分别为汽车发展简史、汽车工业发展历程、现代汽车制造产业、汽车制造职业概况。本书既可作为中职院校汽车制造类专业学生的教学用书,也可以作为职业技能的岗位培训教材和其他从事相关专业人员的参考书。

图书在版编目(CIP)数据

汽车制造概论/饶敏强,陈佩娜主编.—北京:人民交通出版社股份有限公司,2015.2

ISBN 978-7-114-11971-2

Ⅰ.①汽… Ⅱ.①饶… ②陈… Ⅲ.①汽车—生产工艺—中等专业学校—教材 Ⅳ.①U466

中国版本图书馆CIP数据核字(2015)第032671号

Qiche Zhizao Gailun

书　　名: 汽车制造概论
著 作 者: 饶敏强　陈佩娜
责任编辑: 林宇峰　李　洁
出版发行: 人民交通出版社股份有限公司
地　　址: (100011)北京市朝阳区安定门外外馆斜街3号
网　　址: http://www.ccpcl.com.cn
销售电话: (010)59757973
总 经 销: 人民交通出版社股份有限公司发行部
经　　销: 各地新华书店
印　　刷: 北京虎彩文化传播有限公司
开　　本: 880×1230　1/16
印　　张: 5.5
字　　数: 126千
版　　次: 2015年2月　第1版
印　　次: 2024年1月　第2次印刷
书　　号: ISBN 978-7-114-11971-2
定　　价: 20.00元

中等职业学校汽车制造与检修专业新课程教学用书

编　委　会

序
INTRODUCTORY

2009年以来,我国汽车产销量一直位列全球第一,稳居全球最大的一手车市场。广州作为全国重要的乘用车生产基地,聚集了广汽丰田、广汽本田、东风日产等合资企业和广汽集团乘用车有限公司等自主品牌企业。近年来职业院校为我国汽车制造行业提供了强有力的人力资源支撑,但职业院校培养的毕业生与汽车制造企业对一线技术工人的要求相比,仍存在职业能力、职业素养等方面的差距,职业学校必须与行业骨干企业开展深度合作,共同培养专业教师,开发专业核心课程,规划和建设专业教学环境,进一步完善专业课程教学中所需的教材,使之更加适应中职学生培养定位、符合中职学生认知规律、满足汽车制造企业需求。

好的教材必须具有适应企业岗位需求的学习内容并同时适合中职学生的学习方式,为此,我校汽车制造与检修专业的教师虚心学习省内外优秀职业院校在专业定位、课程体系建设、专业课程开发和校企合作等方面的经验,参访广州市各大汽车制造企业及员工培训中心,学习企业先进的员工培训经验和做法。该系列教材针对中职学生的培养目标,选取汽车制造生产一线的典型工作任务并进行教学化处理,对汽车系统结构、系统原理、制造工艺、检测工艺、工量具使用、质量标准、技术资料查阅、作业指导书、安全生产和劳动组织方式等学习内容进行科学整合,形成相应的学习任务,将专业能力与关键能力培养、学习过程与工作过程融为一体,充分体现"做中学"、"学中做"和快乐学习的理念,将必要的理论知识结合在实践过程中进行"理实"一体化的学习,学习任务体现完整的行动过程。在学习过程中培养学生良好的质量意识、成本意识、效率意识,以及安全生产、规范操作、精益求精、团结协作的汽车制造企业一线技术人员所需的综合职业素养。学校与广汽丰田、广州本田和广汽集团乘用车有限公司等汽车制造企业建立了深度的校企合作关系,在此基础上开发的该系列教材作为我校创建国家改革发展示范校重点建设专业的重要成果得到了评估专家和汽车制造企业技术人员的一致好评。

我深深地为这套凝聚了学校教师与企业技术人员共同智慧结晶的教材感到欣慰，对企业相关技术人员以及撰写教材的每一位教师表示衷心的感谢。希望这套教材能为汽车制造与检修专业课程的改革提供积极而富有价值的尝试，能够促进区域经济建设和汽车制造与检修职业教育的发展。

广州市交通运输职业学校校长　刘建平

2015 年 1 月 19 日于广州

前 言
PREFACE

汽车是世界上唯一零部件以万计算、年产销量以千万计算、年产值以千亿计算的工业产品。同时,汽车关联领域众多,与人类社会活动密切相关。作为现代文明的产物,在其孕育、诞生和发展的过程中,始终蕴涵着人类的文化理念,凝结着人类的理想追求,汇聚着紧跟时代潮流的科学技术与文化内涵。

本书适用于中等职业学校汽车类专业基础课程教学,以汽车工业发展历程、汽车技术发展和完善、现代汽车制造技术为主线,注重以就业为导向,以能力为本位,体现职业教育的特色,为职业院校学生提供职业入门教育,帮助学生了解职业岗位的概况,有助于学生初步建立职业认同感。

本书由广州市交通运输职业学校饶敏强、陈佩娜主编。第1章、第2章由饶敏强编写,第3章由陈佩娜编写,第4章由饶敏强、蔡颖联合编写,全书由陈佩娜统稿。为贴近企业实际、体现行业特色,编者对广汽本田汽车有限公司、广汽丰田汽车有限公司、广州汽车集团乘用车有限公司、广东福迪汽车有限公司等多家汽车制造企业进行了实地调研。在编写过程中,广汽本田汽车有限公司制造部萧虎、广东福迪汽车有限公司培训导师冯茂斌等企业技术人员给予指导帮助,提出了宝贵的意见和建议,在此表示衷心感谢!

由于编者经验和水平有限,书中可能有疏漏和不妥之处,恳请各位读者批评指正。

编者

2014年9月

目 录

CONTENTS

第1章　汽车发展简史

一、概述

汽车已进入许多普通民众家庭，对人类生活影响已无处不在。本章首先让我们认识汽车是如何诞生的，汽车诞生需要哪些技术条件支持，以及汽车诞生后早期技术发展。

建议完成本章学习时间为6学时。

二、学习目标

(1)正确描述汽车的概念。

(2)正确描述汽车的分类标准。

(3)正确描述汽车的编号。

(4)列举说明支撑汽车发明的技术条件。

(5)简单叙述汽车发明简史。

(6)简单叙述汽车技术的发展进程。

三、学习探究

(一)汽车的定义和分类

1.汽车的定义

汽车与人相似，也是有“生命”之物，有脸、眼、鼻，更有头、身躯、腿脚。同时，汽车又像人一样，也有气质，尊贵、气派、秀气、青春、漂亮、稳重、动感、甚至勇猛。

汽车诞生至今，已有一百多年的历史，它与人类的生活息息相关，不仅提高了人类活动的效率，还为各行各业的发展带来了活力。汽车，是人类智慧的伟大结晶，是充满科技含量的艺术品，被誉为“改变世界的机器”。

在我国，汽车(图1-1)是指自身装备动力装置驱动，一般具有4个或4个以上车轮，不依靠轨道或架线而在陆地行驶的车辆。

学习收获：

1.汽车的特征是什么？

不同国家对汽车的定义不尽相同。美国定义汽车是：由本身动力驱动，装有驾驶装置，能在固定轨道以外的道路或地域上运送客货车或牵引车辆。在日本，汽车是指自身装有发动机和操纵装置的、不依靠轨道和架线能在陆地上行驶的车辆。摩托车、三轮摩托车、带发动机的助力自行车在日本？

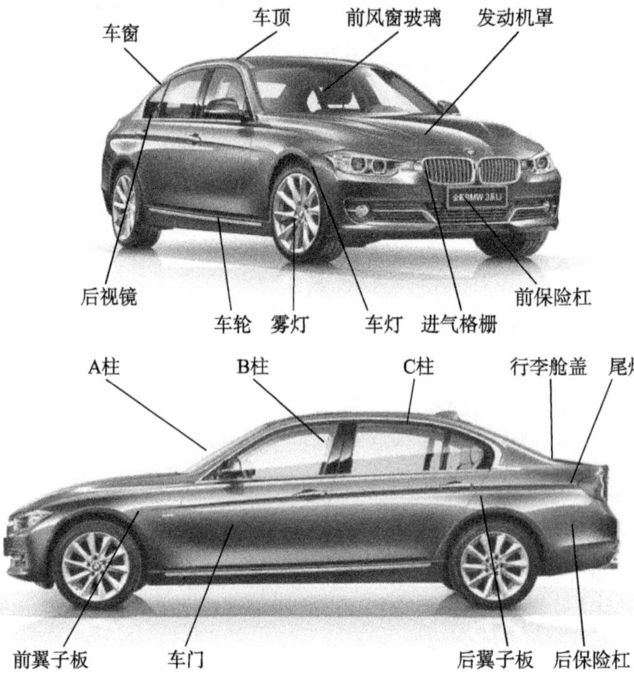

图1-1　汽车外观

2. 我国是如何对汽车进行分类的？

2. 汽车的分类

我国加入世界贸易组织后，为与国际接轨，2002 年 3 月实施了《汽车和挂车类型的术语和定义》(GB/T 3730.1—2001)。与国际上常用的汽车分类标准一致。新标准引入了国际通用的乘用车概念，将汽车分为乘用车和商用车两大类。

乘用车是指包括驾驶座在内不多于 9 座，主要用作载运乘客及其随身行李的汽车。依据车身类型(车身、车顶、座位、车门和车窗结构或数量不同)可分为 11 类，见表 1-1。

商用车主要用于运载人员、货物及牵引挂车，是指除乘用车以外的所有汽车统称。一般分为：载货汽车、载客汽车和特种汽车三类(表 1-2)。

乘用车分类　　表 1-1

普通乘用车	活动顶篷乘用车	小型乘用车

续上表

敞篷车	舱背乘用车	旅行车

多用途乘用车(MPV)	短头乘用车	越野乘用车
	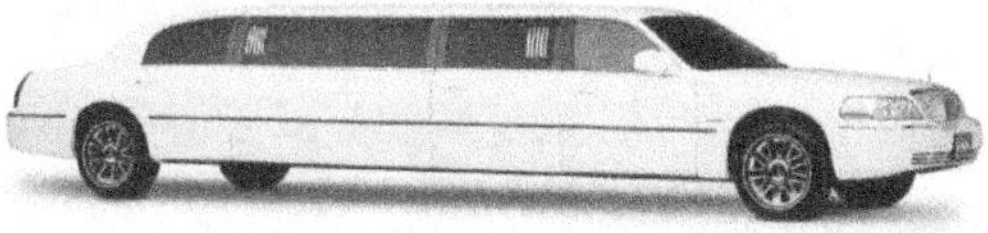	
专用乘用车	高级豪华乘用车(加长)	

商用车分类　　表1-2

载货汽车	载客汽车	特种汽车(半挂牵引车)

3. 汽车的编号

在汽车上使用编号，是各国政府为了管理机动车辆而实施的一项强制性规定。有了汽车产品的编号可以利用计算机对车辆进行检索，在处理交通事故、事故保险赔偿、协助破获车辆盗窃案件等方面发挥重要作用。

目前，世界各国生产的汽车大多使用汽车车辆识别代码(VIN编码)，作为对车辆编制唯一识别身份的代码。“VIN 编码”由一组字母和阿拉伯数字组成,共 17 位。它包含了车辆的生产厂家、年代、车型、车身形式及代码、发动机代码及组装地点等信息。

轿车汽车车辆识别代码一般设置在前风窗玻璃左/右下角(图 1-2)。

图 1-2　车辆识别代码(VIN)

3. 车辆识别代码包括多少部分信息内容?

车辆识别代码的构成。“VIN 编码”分成三部分:第一部分(前 3 位)为世界制造厂识别代号(WMI),第二部分(第 4 ~ 9 位)为车辆说明部分(VDS),第三部分(10 ~ 17 位)为车辆指示部分(VIS)。车辆识别代码的构成见表 1-3。

车辆识别代码的构成　　表 1-3

W	D	D	F	H	3	D	B	7	A	J	5	9	6	4	2	1
1	2	3	4	5	6	7	8	9	10	11	12	13	14	15	16	17
WMI (世界制造厂识别代号)			VDS (车辆说明部分)						VIS (车辆指示部分)							

4. 车辆识别代码举例

以上海大众桑塔纳 LSVHJ133022221761 代码举例。

VIN 车辆识别代码	LSVHJ133022221761
第 1 位表示汽车生产国	1——美国、2——加拿大、3——墨西哥、4——美国、6——澳大利亚、9——巴西、J——日本、K——韩国、L——中国、S——英国、T——瑞士、V——法国、W——德国、Y——瑞典。
第 2 位表示制造厂品牌	1——Chevrolet 雪佛兰 2——Pontiac 庞蒂克 3——Oldsmobile 奥兹莫比尔 4——Buick 别克 5——Pontiac 庞蒂克 6——Cadillac 凯迪拉克 7——GM Canada 通用加拿大

续上表

VIN 车辆识别代码	LSVHJ133022221761
第2位表示制造厂品牌	8——Saturn 土星 9——Isuzu 五十铃 A——Alfa Romeo 阿尔法·罗密欧 A——Audi 奥迪 A——Jaguar 捷豹 B——BMW 宝马 B——Dodge 道奇 C——Chrysler 克莱斯勒 D——Mercedes 梅赛德斯 E——Eagle 福特鹰牌 F——Ford 福特 G——General M 通用 G——Suzuki 铃木 H——Acura 阿库拉/讴歌 H——Honda 本田 J——Jeep 吉普 L——Daewoo 大宇 Z——Ford 福特 M——Hyundai 现代 M——Mitsubishi 三菱 M——Mercury 水星 N——Infiniti 无限/英菲尼 N——Nissan 日产 P——Plymouth 普利茅斯 S——Subaru 富士/斯巴鲁 T——Lexus 凌志/雷克萨斯 T——Toyota 丰田 V－Volkswagen 大众 V——Volvo 富豪/沃尔沃 Y——Mazda 马自达 Z—Mazda 马自达 G＝所有属于通用汽车的品牌：Buick 别克，Cadillac 凯迪拉克，Chevrolet 雪佛兰，Oldsmobile 奥兹莫比尔，Pontiac 庞蒂克，Saturn 土星
第3位表示汽车类型	不同的厂商有不同的解释，有些厂商可能使用前3位组合代码表示

续上表

<table>
<tr><td>VIN 车辆识别代码</td><td>LSVHJ133022221761</td></tr>
<tr><td>第 4 ~ 8 位(VDS)</td><td>车辆特征
轿车:种类、系列、车身类型、发动机类型及约束系统类型
MPV:种类、系列、车身类型、发动机类型及车辆额定总质量
载货车:型号或种类、系列、底盘、驾驶室类型、发动机类型、制动系统及车辆额定总质量
客车:型号或种类、系列、车身类型、发动机类型及制动系统</td></tr>
<tr><td>第 9 位</td><td>校验位,按标准加权计算(0 ~ 9 中任何一数字或字母“X”)</td></tr>
<tr><td>第 10 位</td><td>车型生产年份
<table>
<tr><th>年份</th><th>代码</th><th>年份</th><th>代码</th><th>年份</th><th>代码</th><th>年份</th><th>代码</th><th>年份</th><th>代码</th></tr>
<tr><td>1971</td><td>1</td><td>1981</td><td>B</td><td>1991</td><td>M</td><td>2001</td><td>1</td><td>2011</td><td>B</td></tr>
<tr><td>1972</td><td>2</td><td>1982</td><td>C</td><td>1992</td><td>N</td><td>2002</td><td>2</td><td>2012</td><td>C</td></tr>
<tr><td>1973</td><td>3</td><td>1983</td><td>D</td><td>1993</td><td>P</td><td>2003</td><td>3</td><td colspan="2" rowspan="8">以此类推</td></tr>
<tr><td>1974</td><td>4</td><td>1984</td><td>E</td><td>1994</td><td>R</td><td>2004</td><td>4</td></tr>
<tr><td>1975</td><td>5</td><td>1985</td><td>F</td><td>1995</td><td>S</td><td>2005</td><td>5</td></tr>
<tr><td>1976</td><td>6</td><td>1986</td><td>G</td><td>1996</td><td>T</td><td>2006</td><td>6</td></tr>
<tr><td>1977</td><td>7</td><td>1987</td><td>H</td><td>1997</td><td>V</td><td>2007</td><td>7</td></tr>
<tr><td>1978</td><td>8</td><td>1988</td><td>J</td><td>1998</td><td>W</td><td>2008</td><td>8</td></tr>
<tr><td>1979</td><td>9</td><td>1989</td><td>K</td><td>1999</td><td>X</td><td>2009</td><td>9</td></tr>
<tr><td>1980</td><td>A</td><td>1990</td><td>L</td><td>2000</td><td>Y</td><td>2010</td><td>A</td></tr>
</table></td></tr>
<tr><td>第 11 位</td><td>装配厂代码</td></tr>
<tr><td>第 12 ~ 17 位</td><td>车辆制造顺序号</td></tr>
</table>

(二)近代汽车的诞生

1. 早期的汽车探索

4. 最早发明家们考虑采用什么作为汽车动力来源？这些汽车有什么缺点和不足？

人类经历了漫长的靠双足跋涉的时代后,发明了轮子,这带给人类一种新的移动的方式,轮子改变了人类在陆地上的运动方式,由移动到滚动的飞跃。最初的车辆,都是由人力来推动的,称为人力车。后来人们开始用牛、马等动物来拉车,称为畜力车,如图 1-3、图 1-4 所示。但人类从未放弃对创造出能自动行驶的车辆的追求。

图 1-3　西安兵马俑马车

图 1-4　19 世纪美国公共马车

1)发条自动车的设想

意大利文艺复兴时期的文化巨人达·芬奇(1452—1519年)预言,总有一天人类会拥有一种不依靠畜力而能自动行走之车。为此他开始探索自动之车设计奥秘,从钟表运转中得到灵感:发条机构能积储动力,定期驱使圆盘形零部件转动。他把设计构想草图绘制在笔记本上。可惜,达·芬奇的探索仅仅是限于理论上,没有进行实际研究开发,也未能得到人们的重视。2004年,意大利佛罗伦萨举办了纪念达·芬奇的展览,该市自然历史博物馆公开了“发条自动车”,如图1-5所示。这辆汽车是根据达·芬奇著名的神秘笔记本所记录的设计架构组装而成。

图1-5　达·芬奇设想的自动车模型复原

1649年,德国钟表匠汉斯·赫丘受到达·芬奇设想的启发,制成一辆用钟表发条做动力的车(图1-6)。该车行驶速度不到1.6km/h,而且每前进230m就需要人工把发条卷紧一次。在当时,这种“车”被一些贵族视为稀世珍宝,但放在今天来看,也只相当于儿童玩具车而已。

2)蒸汽汽车的出现

自从英国人瓦特发明了蒸汽机,人类社会进入了蒸汽机时代。许多发明家也纷纷把瓦特的发明应用到“自走式车辆”的设计中。

法国陆军技术军官古诺关注到已被广泛应用的蒸汽机技术,希望将蒸汽动力作为拉大炮车辆的牵引力。经过6年努力,1769年,古诺制成了他设想中的“自动之车”——蒸汽汽车(图1-7)。蒸汽汽车的车身是很重的木制框架,前面支撑着一个大锅炉,大锅炉后是两个汽缸,锅炉产生的蒸汽送进汽缸,推动着装在里面的活塞上下运动,再通过曲轴把运动传给装在车框架下面的前轮,操纵前轮转动前进。古诺的蒸汽汽车真的走起来了,不过它的速度1h只有4000m,比马车要慢得多,而且蒸汽汽车走了15min就停下来了,原因是锅炉里的蒸汽已经用完。古诺只好下车给锅炉添水加煤,等到锅炉里重新喷出蒸汽以后才能继续行走。虽然这样速度和效率的蒸汽汽车只能作为试验品且无法得以实际应用,但古诺的“自动之车”成为世界上第一辆蒸汽汽车。

图 1-6　汉斯·赫丘发条动力车

图 1-7　“自动之车”——蒸汽汽车

1805 年,美国人艾文思制造了一辆装有 3.7kW 蒸汽机的水陆两用汽车(图 1-8)。该车除装有四个轮子外,其后部还有一个蹼轮,从而使车既能在陆上行驶,也能在水中航行。

5. 蒸汽汽车有哪些特点?

1825 年,英国人嘉内制造了一辆蒸汽公共汽车(图 1-9),有 18 个座位,车速 19km/h,这辆车的蒸汽机安装在车的后部,前轮转向,后轮驱动,驾驶者利用方向舵轻松转向。一年后嘉内蒸汽车开始了从伦敦到巴斯的世界上最早公共汽车运营业务。

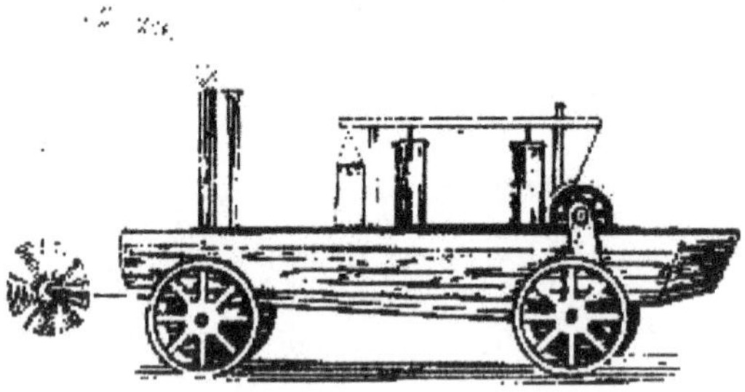

图 1-8　艾文思水陆两用蒸汽车

图 1-9　嘉内蒸汽公共汽车

在 1765 年蒸汽机发明后的一百多年里,高压蒸汽发动机汽车(图 1-10)、水陆两用蒸汽汽车、蒸汽公共汽车(图 1-11)相继出现,蒸汽汽车的技术不断得以完善。欧洲公路街道上穿梭的蒸汽汽车成了当时工业文明的象征。但由于蒸汽汽车存在速度慢、体积大、笨重、惯性大刹不住车、锅炉炉压过高易发生爆炸、污染严重等问题,阻碍了蒸汽汽车成为一种理想方便的交通工具,当时大多数人还是毫不犹豫地选择了乘坐传统马车。

2. 汽车发明的技术条件

1)奥托四冲程内燃机的发明

1860 年的某一天,德国发明家尼古拉斯·奥托(图 1-12)在报纸上看到一则报道法国人利用煤气做燃料,制造出一台把外部燃烧加热改为汽缸内部燃烧,且更加有效利用热能的两冲程内燃发动机。这则以煤气做燃料的内燃发动机发明消息让奥托深受启发,他觉得自己应该马上着手研制内燃机。历经 14 年不懈研发,1876

年奥托终于制造出由“进气、压缩、膨胀、排气”四个过程组成的四冲程内燃发动机(图1-13),其发动机原理被称为“奥托循环”。和之前的发动机相比,奥托的四冲程发动机具有体积小、质量轻、功率大的特点。有了它的出现,汽车的诞生才真正具有了可能性。

图1-10　英国蒸汽汽车

图1-11　19世纪蒸汽公交车

图1-12　尼古拉斯·奥托

图1-13　奥托四冲程内燃机

2)石油的开采和利用

19世纪中后期,人类的发明家们开始探寻能够补充和替代蒸汽动力的新能源。1859年,美国人德雷克在宾夕法尼亚州泰特斯维尔钻出了第一口油井(图1-14),尽管刚开始时人民更多只是把石油当作是清洁剂来使用,但石油作为另一种重要的可利用能源,必将成为发明家们的新宠儿。从石油提炼出来汽油,汽油挥发性好,容易汽化,与空气混合均匀,燃烧速度快,燃烧完全。人类从此拥有了一种可爆发出惊人能量且使用和存储便利的燃料。

图1-14　石油开采

6. 谁最早发明汽油发动机？

3）汽油发动机的诞生

戈特利布·戴姆勒（图1-15）、威廉·迈巴赫，德国发明家。作为奥托内燃机研发团队的核心成员，就四冲程发动机未来的发展方向，戴姆勒与奥托产生了分歧。奥托认为，四冲程发动机应该为工厂、矿山的大型机械设备提供生产动力。戴姆勒却主张四冲程发动机应该和新型交通工具的开发联系起来，它会为一种全新的车辆提供动力。怀着这个梦想，1882年戴姆勒和迈巴赫离开道依兹发动机公司，在斯图加特市郊外的堪施达特城创建了自己的实验室，潜心研发更轻便、更快捷的发动机。1883年年末，戴姆勒和迈巴赫的汽油发动机终于研制成功，世界上第一台立式四冲程汽油发动机正飞快地转动着。这台名叫立钟（图1-16）的汽油发动机体积小，质量轻，结构紧凑，功率强大，被后人誉为人类汽车史上的里程碑。

图1-15　戈特利布·戴姆勒

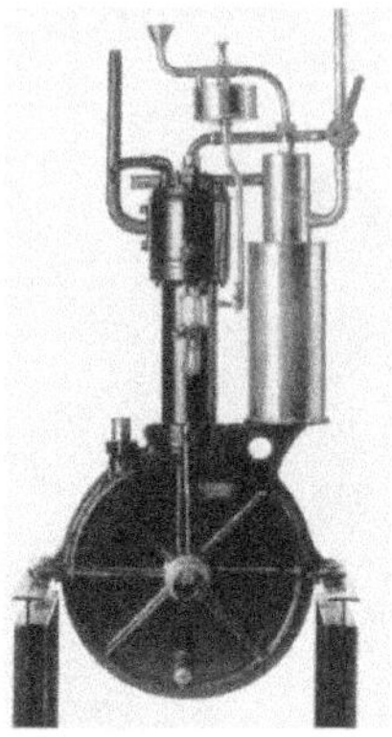

图1-16　“立钟”汽油发动机

3. 第一辆汽车的诞生

7. 汽车发明时间是哪一年，谁被誉为汽车之父？

1886年，德国工程师卡尔·本茨（图1-17）和戈特利布·戴姆勒相继发明了汽车。卡尔·本茨采用木制的三轮汽车是世界上公认的第一辆真正投入使用的汽车。

图1-17　卡尔·本茨

1）第一辆三轮汽车

卡尔·本茨，德国著名的戴姆勒—奔驰汽车公司的创始人之一，现代汽车工业的先驱者，人称“汽车之父”。1944年，卡尔·本茨出生在德国卡尔斯鲁厄市一个手工业者家庭，父亲是一名火车司机。卡尔·本茨从小就表现出过人的动手能力，15岁时顺利通过机械工程师职业资格考试，被当地人誉为天才少年。从那时起卡尔·本茨就希望能创造出一种不受轨道限制、能够自由行驶的交通工具。1877年，卡尔·本茨已是一名工厂主，研发的重点集中在对奥托四冲程发动机的改进上。卡尔·本茨对自己的设计方案一改再改，毫不马虎。1879年的新年，一件影响卡尔·本茨工作方向的事件发生了，一天上午妻子贝尔塔向卡尔·本茨讲述了报纸上的一则新闻，曼海姆城郊的一个洗衣店发生爆炸，引发爆炸的原因是被人们用作清洗剂的汽油。在当时很少有人了解汽油会具有如此高的可燃性。听了妻子的讲述，卡尔·本茨突然想到，也许发动机最理想的燃料不是煤气而是汽油。

1885年卡尔·本茨在汽车研发工作方面取得了突破性进展，由他制造的一辆装备了汽油发动机的三轮车“奔驰一号”（图1-18）在德国曼海姆试验成功。这辆汽车已经具备了现代汽车的一些基本特点。如电点火、水冷循环、钢管车架、钢板弹簧悬架、后轮驱动、前轮转向和擎动手把等。“奔驰一号”质量为254kg，速度最高达18km/h，它是世界上第一辆真正的汽车。1886年1月29日在围观人群的热情簇拥下42岁的卡尔·本茨来到德国专利局领取了属于自己的殊荣——机动车发明专利证书，就是后来被人民所说的汽车出生证。奔驰一号——世界上第一辆单缸发动机三轮汽车，如今这辆车陈列在斯图加特市的奔驰汽车博物馆内。而卡尔·本茨领取专利的1月29日被确定为汽车的生日。

图1-18　奔驰一号

2）第一辆四轮汽车

1886年在卡尔·本茨三轮汽车问世几个月后，戴姆勒和迈巴赫把自己研发的汽油发动机装在一辆四轮马车上，以18km/h的速度从德国斯图加特驶向康斯塔特，人类历史上出现了第一辆四轮汽车（图1-19）。

同年戴姆勒和迈巴赫把汽油发动机安装在一辆木制的两轮车上，创造出人类历史上第一辆摩托车（图1-20）。

1886年卡尔·本茨和戴姆勒发明了真正的汽车，这项发明改变了世界，也改变了人们的生活。汽车是一部可以改变世界的机器。因为它的出现使人类的视野从此更加开阔，思维更加自由，历史翻开了新的一页。

（三）汽车的发展和完善

1. 发动机零部件的发明应用

早期的汽车是靠手摇转动曲轴来起动发动机的。这种方式既费力又不方便，需要两个人的配合。1912 年,美国凯迪拉克公司研制第一个电起动机,它是用一个小电动机带动与曲轴相连的飞轮转动(图 1-21)来起动发动机。

图 1-19　戴姆勒一号

图 1-20　第一辆摩托车

8. 最早的汽车发动机是采用什么方式起动,后来由哪家汽车公司发明了电起动机?

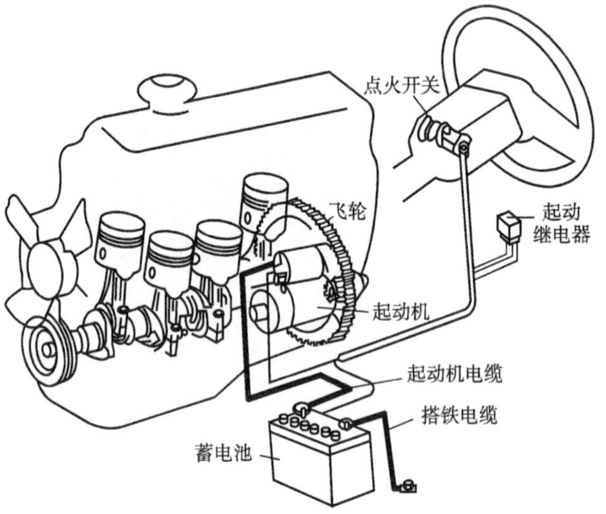

图 1-21　发动机起动示意图

汽车发动机最早广泛采用的是热管式点火系统。1902 年,德国博世公司发明了高压电磁点火装置。1953 年,晶体管的电子点火系统由美国霍利化油器公司研制成功。

1883 年,戴姆勒所发明的汽油发动机已经采用浮子式化油器,此后数十年里汽油发动机大多均使用化油器作为燃油供给装置。1952 年,德国博世公司首次在一台奔驰赛车的发动机上装配了燃油机械喷射泵系统。开始将机械控制式汽油喷射装置应用在汽车上。1953 年,美国本迪克斯公司为别克汽车提供了燃油电子喷射设备,成为历史上最早应用电子喷射技术的公司。1979 年,博世公司的 M 型数字控制燃油喷射系统问世,汽车发动机进入应用计算机微处理器技术时代。图 1-22 所示为新一代缸内直喷发动机示意图。

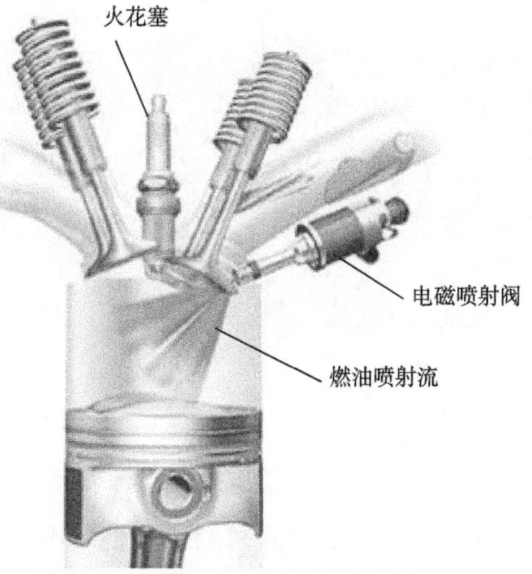

图1-22　缸内直喷发动机示意图

2. 底盘零部件的发明应用

卡尔·本茨发明的汽车从发动机到驱动车轮是用皮带加链条传动。1894年，法国的汽车先锋路易斯·雷纳·潘哈德和埃米尔·勒伐索在迈巴赫齿轮变速器的基础上，发明出手动操控换挡的有级齿轮变速器（现代手动变速器）。1907年，著名的福特T形车已采用行星齿轮变速器，便于驾驶员操纵换挡。1948年，别克汽车首创与行星传动组成一体的液力变矩器，标志着汽车开始应用带液力传动的自动变速器。1957年，美国人辛普森发明推出由太阳轮、齿圈和行星齿轮巧妙构成的三速自动变速器（图1-23）。从此辛普森式自动变速器广泛应用到各大汽车生产厂商中。

1893年美国最早生产汽车的杜里埃兄弟设计出差速后桥，该装置使汽车转弯时能使两个轮子的转速不同，避免轮胎快速磨损。1898年，法国路易雷诺发明了世界上最早的螺旋伞齿轮主减速器。

9. 手动变速器、自动变速器、差速器、主减速器和减振器这几项汽车底盘的部件分别是由哪几位发明家发明？

由于早期的汽车在速度上比其所代替的马车快不了多少，因此悬架是典型的马车悬架——叶片弹簧。1906年，美国一位名叫威廉·布鲁士的年轻人，首次将前螺旋弹簧和车轮上的减振器结合在一起，减振器安装在扭力杆上，以便吸收车轮的振动。1933年，门罗公司为赫德森汽车制成了第一个限制汽车振动回弹的原始的双向筒式液压减振器。直到目前为止，这种筒式减振器的结构并没有很大的变化。1950年，美国福特公司的工程师麦克弗逊研制成功麦克弗逊滑柱式减振器（图1-24）。

1888年，英国北爱尔兰贝尔法斯特的一位兽医约翰·邓禄普发明了自行车用充气轮胎，大大提高了汽车的减振性能。1948年，法国米其林公司推出子午线轮胎（图1-25），这种轮胎的特点是帘布层帘线排列的方向与轮胎的子午断面一致，现在子午线轮胎已占世界汽车轮胎总量60%以上。

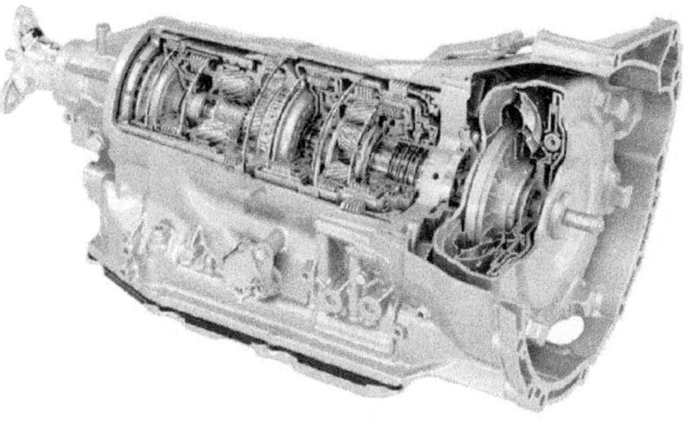

图 1-23　辛普森式自动变速器

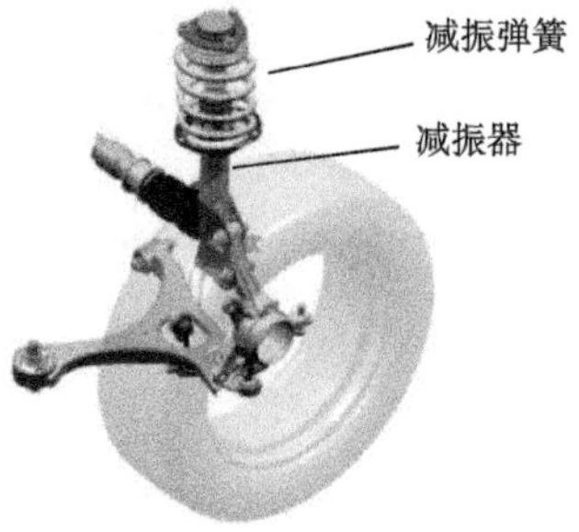

图 1-24　麦克弗逊滑柱式减振器

1896 年,英国的造船商人斯特里克兰说服他的汽车制造商朋友德雷克,把一个轮船上的转向舵(即转向盘)装到一辆戴姆勒—费顿的汽车上,代替其原有的操纵手柄。汽车从此开始应用转向盘作为转向操纵装置。但垂直的转向柱上端转向盘不利于驾驶员操作。1897 年,一台装有转向盘的戴姆勒—费顿汽车在英国考文垂工厂进行一次大检修时,当车身被吊回安装时,吊环突然滑落,车身压在转向柱上,把转向柱压倾斜了。这时工人发现,坐在转向柱被压倾斜的驾驶座位操纵转向盘,使驾驶便利性大为改善。这一偶然的发现,使 1900 年出产的戴姆勒—凤凰汽车成为转向柱和转向盘制成倾斜的车型,图 1-26 所示为现代汽车转向系统。

10. 最早的充气轮胎、液压减振器、鼓式制动器是由谁在哪一年所发明?

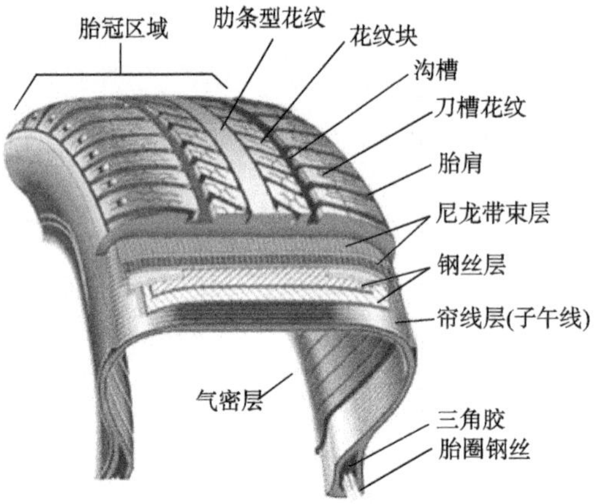

图 1-25　子午线轮胎

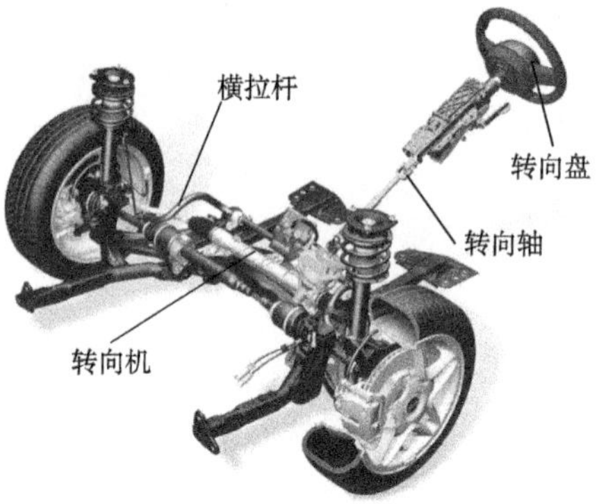

图 1-26　现代汽车转向系统

早期的汽车采用的是与四轮马车相同的轮胎制动器。1902 年,法国的路易斯·雷诺发明了鼓式制动器,鼓式制动器是用闸轮使汽车产生制动力的方式。1921 年,首先在美国的杜森贝克汽车的四个车轮上都使用液压制动器,以组成完整的汽车液压制动系统,图 1-27 所示为现代汽车制动器。

3. 车身发展和完成

1)车身材料发展

早期汽车车身都是木质马车的改型。随着技术的发展,车身曾用过不同的材料:木材、皮革、钢、铝、铜,但最终还是选择了钢。大量汽车使用钢板车身,部分高档、豪华车辆采用铝合金制造车身。

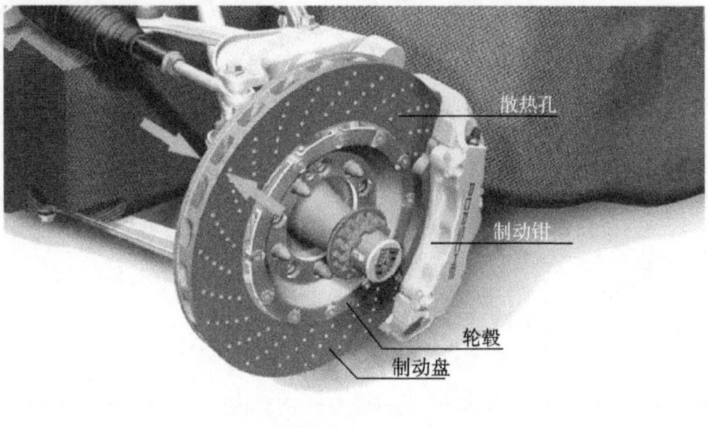

图1-27　现代汽车制动器

2)车身形态发展

汽车的车身外形变化,从技术上讲主要取决于三个方面:机械工程学、人体工程学和空气动力学。驾乘人员有足够的活动空间,舒适性好;空气动力学要求汽车外形应该具有良好的流线形,空气阻力要小。1903年,英国沃克斯豪尔公司首先生产出全钢车身轿车。在追求流线型车身的过程中,1921年,由飞机设计师艾玛德·荣伯勒在柏林汽车展览会上展示的“水滴形汽车”引起极大轰动,达到流线型车身的巅峰。随后车身形态经历了千变万化的更新换代,包括以1915年福特T形汽车为代表箱形汽车,流线形的代表大众甲壳虫汽车,1949年福特V8形车为代表船形汽车,20世纪50年代后的鱼形汽车(图1-28)、楔形、火箭造型(图1-29)汽车等各具形态特色的轿车代表。

11. 汽车发展过程中出现过哪些具有代表性的车身形态?

图1-28　1952年别克鱼形汽车

图1-29　1959年凯迪拉克火箭造型汽车

3)车身结构发展

20世纪20年代末,车身成型技术逐渐流行。之前的车身大多是由技工手工制作的,1927年以后,小汽车车身整体成型技术在全世界普遍应用。1935年,通用公司的车型中推广了龟背式车顶,这是一种车型方面的技术革新。这种车顶用整块钢板冲压而成,使汽车更加安全,制造时的冲压工艺也更为经济。1937年,柏林国际汽车展会上,通用欧宝公司展示了解剖的奥林匹克汽车,这是第一个系列生产的、由钢板和型材构成的自承重整体车身结构(图1-30)。即把原来分离的车框架和其余连接板融合为一体,这样不仅减轻了质量,也降低了成本。

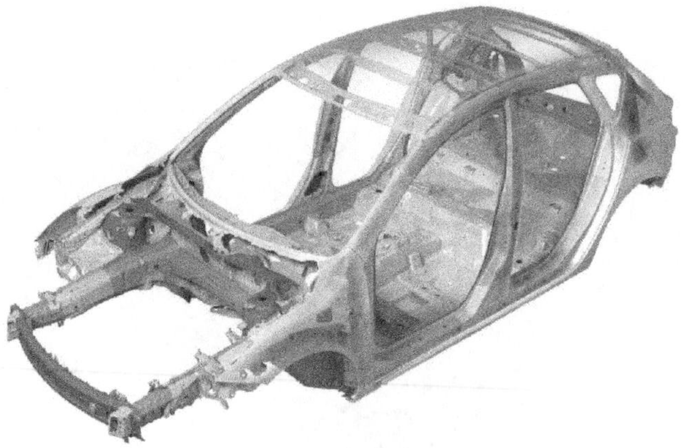

图1-30 自承重整体车身结构

4)风窗玻璃的应用

12. 风窗玻璃、安全带和安全气囊是什么时候开始应用在汽车上?

汽车的风窗玻璃最先采用的普通平板玻璃,在发生碰撞时,其碎片会对人员造成严重的伤害,后来逐渐采用了安全玻璃。安全玻璃大多为夹层玻璃或钢化玻璃。夹层玻璃在汽车上一般用作前风窗玻璃,它是用数片玻璃和透明塑料胶片黏结而成的,在受到外力剧烈撞击时,玻璃碎片由于有塑料胶片的黏结,碎片不会飞散,起到了保护作用。1927 年,福特新 A 形汽车是最早把夹层安全玻璃作为标准装备的汽车。

5)安全带发明和应用

1902 年 5 月 20 日,美国纽约举行汽车竞赛,法国的一位名叫沃尔特·勃波的工程师为了吸取 3 年前发生的世界首起汽车甩出乘员致死赛车意外事故的教训,用一根较宽的绳带子将自己绑紧在赛车座位上。结果比赛过程中勃波驾驶鱼雷牌汽车发生意外,失控腾空冲入观众人群中,压死、压伤数人,而绑紧在座位上的勃波却安然无恙。人类开始第一次使用汽车安全带。1955 年,两名美国空军工程师发明 Y 形三点式安全带(图 1-31),这种安全带后来经过调整改良,成为一项安全的设计,一直沿用至今。

6)安全气囊的发明和应用

1952 年美国宾夕法尼亚州工程师约翰·赫特里克是在一次事故后,萌发了设计撞车安全装置的想法。在那次事故中,为了躲避一个障碍物,他猛打转向盘并进行制动,同时他和妻子都本能地伸出手臂保护当时坐在前排中间座位上的女儿。赫特里克意识到汽车内必须设置一种较好保护装置。此后他把自己构想设计图样交给一个专利代理人,这种在转向盘、仪表板和储物箱处均装有可充入空气的气袋,碰撞时的冲击作用使一个滑动重块向前移动,从而使空气快速充入各个空气袋,保护乘车人员避免直接撞击车体。1980 年,奔驰 S - Class 汽车成为全球第一辆正式配有安全气囊的汽车(图 1-32)。

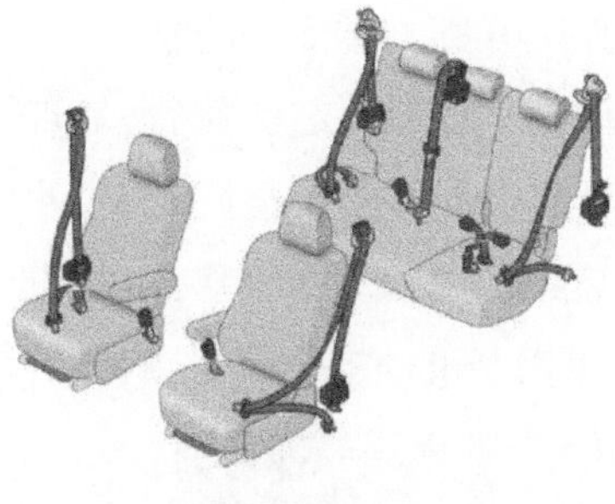

图1-31　三点式安全带

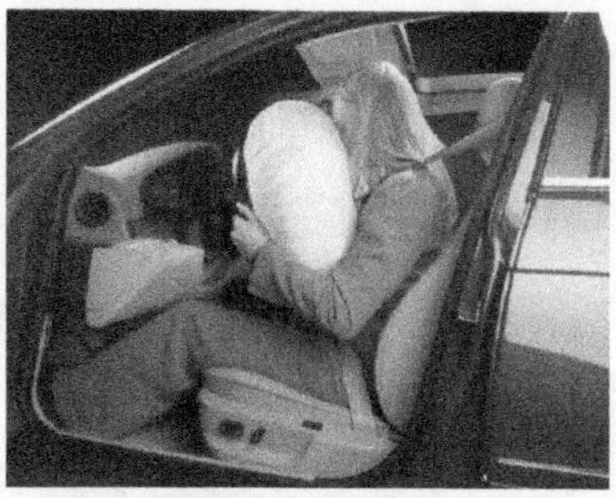

图1-32　安全气囊

4. 电气设备技术发展

汽车电气设备有发动机电气设备和车身电气设备两类，包括电源、灯光系统、点火系统、起动系统、仪表、传感器与报警装置、空调、自动检测装置等，汽车电器分布与组成如图1-33所示。

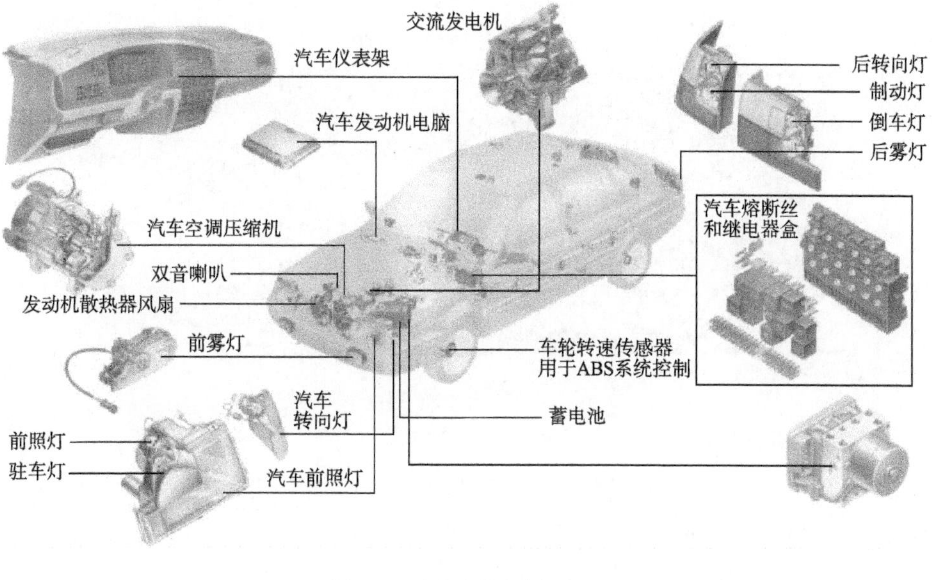

图1-33　汽车电器分布与组成

1）车灯应用与发展

1916年，美国诺里斯的托马斯发明了汽车转向闪光信号灯。1925年，导航灯具公司推广应用了双丝前照灯泡，远光和近光的调节通过装在转向柱上的开关来实现。1940年，美国研制成功封闭式前照灯（真空灯），它的近光为非对称配光，有效地降低了左侧迎面来车造成的驾驶员炫目，图1-34所示为现代汽车前照灯。

2）燃油表发明与应用

汽车没有燃油表，油箱里有多少油心中无数，常常因燃油用完在郊外抛锚，只好到城内的药店或化工商店去购买。1914年，美国的斯蒂佩克公司首先在汽车上使用了安装在仪表板上的油量表，图1-35所示为现代汽车仪表组合。

3）刮水器发明与应用

13. 现代汽车上主要包括哪些电器设备?

刮水器是美国亚拉巴马州伯明翰一位名叫玛利·安德逊的女士发明的,并于1903年6月18日取得了专利。1902年冬季的一天,她到纽约旅行,发现雨雪天里驾驶员根本无法看清前面道路情况。她用两条软胶皮嵌入金属支架,然后装置在窗门上,这个装置能将雨水拨开。她的设计后来被威廉汽车商店加以改良,变手动为自动操纵。1924年,德国的博世公司最先采用了电动刮水器。

图1-34　现代汽车前照灯

图1-35　现代汽车仪表组合

4)喇叭的应用

1908年,美国新泽西州的洛厄尔·麦康纳工业公司开始采用干电池电喇叭,提高了汽车行驶的安全性。

5)车载收音机和汽车音响的应用

1929年,车载收音机作为1930年道奇DB希尼尔6型车的设备而面世。高路风公司生产的车用收音机完美地配合了希尼尔6型车宽敞的内部车体,惹人注目的豪华的天鹅绒和马海毛的车内装潢以及红木包皮的转向盘和磨砂的银色调的仪表板。1982年飞利浦发明激光唱机(CD机),并于1988年应用于汽车音响。

6)空调在汽车上应用

1939年11月4日,美国芝加哥汽车展上,展示的派克特汽车首先批量采用了车内温度空气流通调节装置——空调器。1953年,美国多家汽车公司装用了凯迪拉克公司生产的带有通断控制装置的汽车空调器,接着便开始大批量生产汽车空调(图1-36)。

5. 汽车技术发展的标志性事件

汽车技术发展的标志性事件见图1-37。

图1-36　现代汽车空调

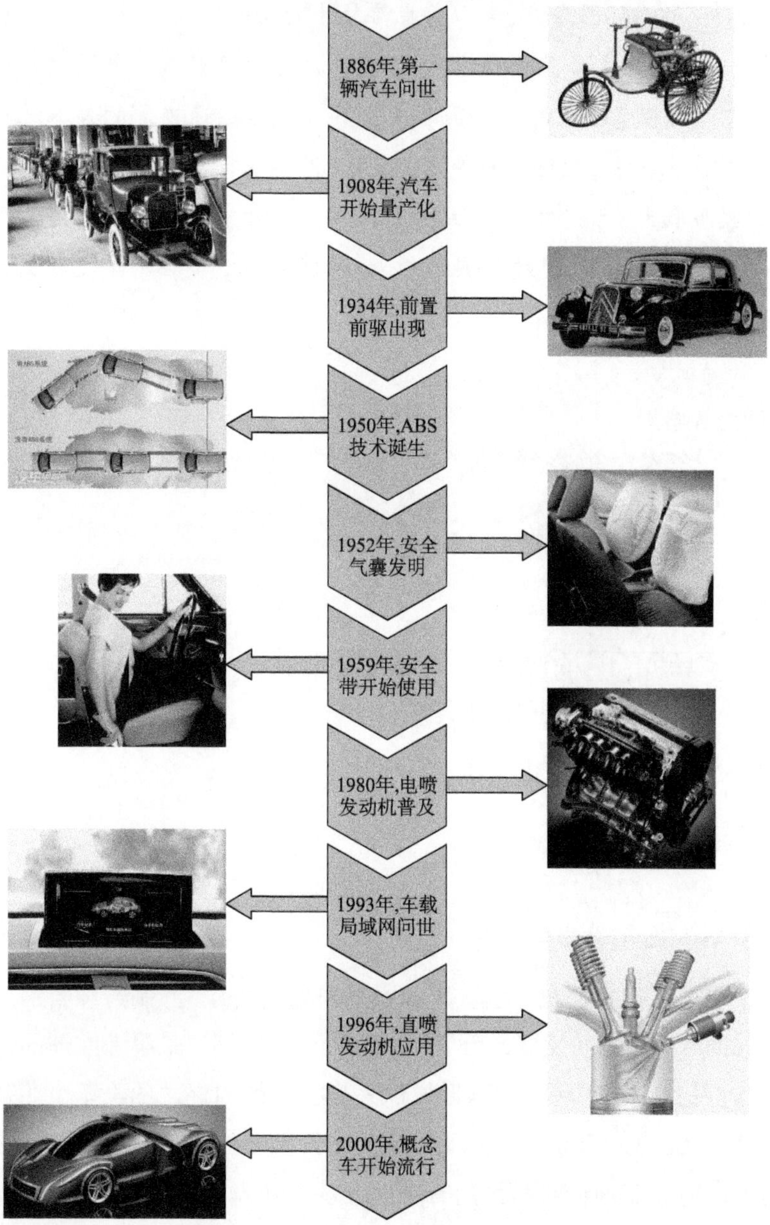

图1-37　汽车技术发展的标志事件

第2章 汽车工业发展历程

一、概述

目前,汽车工业是规模最大、影响范围最广、与人类生活最为密切的工业。进入20世纪以后,特别是亨利·福特创造性地发明流水作业生产方式,改变了汽车生产方式。美国因此成为名副其实的汽车王国。而日本可谓是"后起之秀",第二次世界大战后迅速恢复的日本汽车工业凭借"丰田生产方式"和二次石油危机,最终超越美国,登上新汽车王国宝座。中国汽车工业以西方数倍年增长速度迅速发展壮大,已成为21世纪世界汽车工业最重要的一股力量。汽车消费市场发展历经了残酷的国际市场竞争,有些经典传奇、独到创新的车型在汽车发展史上作为鲜明旗帜,占有突出的地位。

建议完成本章学习时间为8学时。

二、学习目标

(1)正确叙述汽车工业的概念。

(2)正确叙述世界汽车工业发展经历了哪几个阶段。

(3)简单叙述当今世界汽车工业格局(主要汽车企业集团)。

(4)简单叙述我国汽车工业发展经过哪些发展阶段?

三、学习探究

(一)世界汽车工业发展历程

汽车工业通常指发动机、底盘、车身及各种零部件设计、制造和营销所涉及的企业活动。世界汽车工业发展经历了几次重大变革时期。最早在欧洲的发育成长时期,到20世纪20年代后在美国形成以大规模生产为标志的汽车工业帝国。大规模生产随后又扩展到欧洲、日本,日本更凭借开创性的"精益生产方式"成为汽车工业新霸主。20世纪80年代后,随着中国经济飞速发展,中国成为推动世界汽车工业发展的一股强大力量。

学习收获:

1. 汽车工业对社会的促进体现在哪些方面?

1. 汽车工业的产生

汽车在诞生之初，由于价格昂贵，只能作为少数贵族绅士们的娱乐产品和专利品(图2-1)。最早的汽车生产方式是采用单件、小批量生产。单件、小批量生产方式的特点[1]是：①绝大多数工人都是技术娴熟的工匠，在设计、机械加工和装配方面都有高超的技艺；②汽车的大部分设计和大多数零部件都来自小的机械作坊，组织结构极为分散；③采用通用的机床对金属材料进行钻、磨等各项加工作业；④产量极低，每年不超过1000辆。产品不一致，即使按同一设计图样制造的两辆汽车，也不会完全相同。

从19世纪末到20世纪初，在欧洲和美国已经有几百家公司采用单件生产方式小规模地制造汽车。相继出现了如德国戴姆勒——奔驰、美国福特、法国雪铁龙、英国劳斯莱斯(图2-2)和意大利菲亚特等汽车制造公司。当时技术没达到大量生产大型复杂机械产品的水平，而且由于当时汽车只作为贵族们的奢侈品，追求豪华，导致价格昂贵，销量不高，无论是欧洲还是美国都没有形成具有一定规模的汽车工业。

图2-1　1904年奥兹莫比尔Curved Dash汽车是美国第一部手工生产的汽车

图2-2　1904年劳斯莱斯汽车

法国成为世界最早的汽车工业中心(图2-3～图2-5)。法国人天性浪漫，汽车作为新鲜事物在法国受欢迎程度比较高。因而包括德国汽车工厂生产的大部分汽车都出口销往法国，奔驰公司和戴姆勒公司甚至把大部分生产移到了法国。

图2-3　1890年的标致汽车雏形

2. 汽车成为工业化产品并大规模生产

1)福特创立流水生产线

---

[1] ［美］詹姆斯·沃麦克［英］丹尼尔·琼斯［美］丹尼尔·鲁斯《丰田精益生产方式》(中文译注)，北京，中信出版社，2008年出版。

1903 年,一位有着爱尔兰血统的农民子弟亨利 · 福特(图 2-6)在美国底特律创办福特汽车公司。从小醉心于机械的福特,希望把汽车造成像火柴或者别针那样有统一规格,使汽车成为既可靠、耐用、操作简便,同时售价低廉、使用维护成本低的普通生活消费品。1908 年福特公司推出了被誉为那个时代最完美的车型:T 形车(图 2-7)。T 形车赢得美国消费者的心,市场热销,供不应求。

图 2-4 雪铁龙汽车工厂

图 2-5 雷诺第一辆小型汽车

图 2-6 亨利 · 福特

图 2-7 福特 T 形车

2. 流水线生产方式比早期单件、小批量生产方式有哪些优势?

也正是这一背景下,福特公司开始尝试,使用一种截然不同的制造方法,1913 年世界第一条流水生产线(图 2-8)在福特汽车工厂诞生。工人们站在一个地方,不必走动,总装线将汽车送到他们面前(图 2-9)。这种制造方法极大地提高了工作效率,汽车装配时间从 12.5h 缩减到 1.5h,从而大大降低了汽车生产成本。T 形车价格从 850 美元,降到 265 美元。福特公司从 1908 年到 1927 年累计生产了 1500 万辆,1915 年,福特公司的汽车产量占了美国汽车总产量的 70%。福特也赢得了“汽车大王”的美誉。

流水生产线生产方式,不仅有助于在装配过程中通过生产设备使零部件连续流动,而且便于对制造技能进行分工,把复杂技术简化、程序化,使制造汽车工艺流程合理化,标志着人类工业生产迈入大量生产方式的规模经济时代。福特汽车生产线使美国工业化达到了新的程度(表 2-1)。

图2-8　福特流水生产线

图2-9　福特流水生产线工人作业过程

汽车总装采用单件生产方式和采用大规模生产方式的工时比较❶　　表2-1

生产内容	后期单件生产方式(1913年)(min)	大规模生产方式(1914年)(min)	工时节约百分率(%)
发动机组装	594	226	62
磁电机组装	20	5	75
车桥组装	150	26.5	83
整车总装	750	93	88

无论是生产还是销售市场上,美国已占据了主导地位。1929年,美国生产了460万辆汽车,占当年全世界汽车总产量的85%。1932年,每5个美国人就拥有一辆汽车。这时德国是每100人才有一辆汽车,美国从此成为"车轮上的国度"。图2-10为美国汽车博物馆模拟20世纪30年代汽车专卖店情景。

图2-10　美国20世纪30年代汽车专卖店情景模拟

除此以外,美国的汽车销售商除了销售产品给顾客外,还建立好与修理厂的关系,为购买了产品的客户提供售后服务。大的公司会为客户提供服务站(图2-11),以固定价格提供零部件的更换。

2)大规模生产方式的传播

福特流水生产线的成功,吸引了一股学习朝拜的人流,他们当中包括安德鲁·雪

❶　[美]詹姆斯·沃麦克[英]丹尼尔·琼斯[美]丹尼尔·鲁斯《丰田精益生产方式》(中文译注),北京,中信出版社,2008年出版。

铁龙(图 2-12)、路易·雷诺(图 2-13)、菲亚特的吉奥凡尼·阿格尼里、赫伯特·奥斯汀和英国 MG 公司的威廉·莫里斯等。福特也毫无保留地和他们讨论自己的技术。因此,在 20 世纪 30 年代,欧洲已经了解到了大规模生产方式的基本概念。但是第二次世界大战的爆发使欧洲民用汽车生产陷入停顿。

图 2-11 美国早期汽车维修服务站情景模拟

图 2-12 安德鲁·雪铁龙

图 2-13 路易·雷诺

3. 汽车进入大规模生产后有哪些品牌车型销量累计超过千万辆?

直到 20 世纪 50 年代,大规模生产方式才普及到世界各国。到 50 年代末,德国大众汽车公司在沃尔夫斯堡的工厂、雷诺公司在弗林的工厂和菲亚特在米拉菲欧里的工厂已经达到与底特律主要汽车工厂相等的生产规模。而且欧洲一些以单件生产方式起家的工厂,也开始向大规模生产方式学习转变,其中以德国戴姆勒—奔驰公司为代表,奔驰第二次世界大战后推出 S 级轿车见图 2-14。

借助著名汽车设计大师费迪南德·保时捷战前设计的图样,大众汽车制造出历史上最成功的小汽车——甲壳虫(图 2-15)。20000 辆甲壳虫汽车刚从流水线进入市场,马上销售一空。1955 年,甲壳虫车已出口到 100 多个国家,美国成为甲壳虫车型最大的配件市场。1972 年 2 月,甲壳虫汽车累计生产了 1500 多万辆。

图 2-14 奔驰第二代 S 级轿车(1958 年)

图 2-15 大众"甲壳虫"轿车

至20世纪70年代,欧洲汽车生产、销售接连不断取得成功,欧洲重回汽车工业中心地位。

3. 精益生产方式

1904年,日本成立第一家汽车厂——东京汽车制造厂,开始制造汽车。到1933年,丰田汽车公司和日产汽车公司成立。但直到20世纪50年代,日本的汽车工业发展都较为缓慢。

4. 汽车精益生产方式起源于哪个国家?这种生产方式的核心原则有哪几项?

1950年,年轻的工程师丰田英二❶(图2-16)到美国底特律对福特鲁奇厂进行了为期三个月的考察。回国后丰田英二和生产制造方面富有才华的大野耐一合作向丰田公司总部提交了一份报告。报告指出大规模生产方式并不适合日本,并在报告中提出了设想。从这份报告开始就产生了所谓丰田生产方式(TPS),并最终发展为"精益生产方式"❷。

图2-16 丰田英二

从20世纪60年代开始,以丰田汽车为代表日本汽车公司,开始实施精益生产经营运作方式制造汽车。"精益生产方式"并由丰田普及到日本汽车工业。"精益生产"是以消除浪费、降低成本为目的,以准时化和自动化为支柱,以改善活动为基础。具体来说是将"及时生产系统"和"全面质量管理"两种新型的生产管理机制应用于汽车制造上。从产品计划开始,通过制造的全过程、协作系统的协调一直延伸到用户,它改变以往制造业在大量生产方式体制下的经营思想,变更为以"看板式"为代表的"三及时"理念,即在必要的时间,按必要的量,生产必要的产品。以不断降低成本、无废品、零库存和无止境的产品更新为目标。

1989年汽车制造厂(总装厂)特性指标比较见表2-2。

1989年汽车制造厂(总装厂)特性指标比较 表2-2

特性指标		日本汽车企业(日本本土)	日本汽车企业(北美分公司)	美国汽车企业	欧洲汽车企业
业绩指标	生产率(工时/车)	16.8	21.2	25.1	36.2
	质量(组装缺陷/100辆车)	60.0	65.0	82.3	97
生产车间布置	场地(平方米/车/年)	0.53	0.85	0.72	0.72
	修理场地大小(占组装场地%)	4.1	4.9	12.9	14.4
	库存(八个样件,日)	0.2	1.6	2.9	2.0

❶ 丰田英二,1967—1982年任丰田汽车工业社长,任期长达15年。

❷ [美]詹姆斯·沃麦克[英]丹尼尔·琼斯[美]丹尼尔·鲁斯《丰田精益生产方式》(中文译注),北京,中信出版社,2008年出版。

续上表

特性指标		日本汽车企业（日本本土）	日本汽车企业（北美分公司）	美国汽车企业	欧洲汽车企业
劳动力	团队占劳动力的%	69.3	71.3	17.3	0.6
	工种轮换(0＝无,4＝频繁)	3.0	2.7	0.9	1.9
	建议数/雇员	61.6	1.4	0.4	0.4
	工种等级数	11.9	8.7	67.1	14.8
	新生产工人培训(h)	380.3	370.0	46.4	173.3
	缺勤率	5.0	4.8	11.7	12.1
自动化	焊接(占直接工序的%)	86.2	85.0	76.2	76.6
	涂装(占直接工序的%)	54.6	40.7	33.6	38.2
	组装(占直接工序的%)	1.7	1.1	1.2	3.1

借助“精益生产方式”这一崭新生产经营体系和20世纪70年代爆发两次石油危机。日本制造出高质量、低消耗、廉价精巧的多品种汽车，畅销全世界（图2-17、图2-18）。

图2-17　丰田经典畅销车型——卡罗拉

图2-18　丰田高端品牌雷克萨斯汽车

1961年日本汽车产量超过意大利跃居世界第五位；1965年超过法国居第四位；1966年超过英国升为第三位；1968年追上德国居世界第二位。1980年日本汽车产量首次突破1000万辆大关，出口达600万辆（图2-19），一举击败美国成为世界第一。到1987年，日本汽车的年总产量占世界汽车年总产量的26.6%，而美国和西欧四国分别占23.7%和24.8%。日本稳坐世界汽车王国宝座，此时世界汽车工业的重心已移向日本。

图2-19　在码头等待上船出口的日本汽车

(二)世界汽车工业发展新趋势

5. 世界汽车工业发展有哪些新趋势?

在经历了几次重大变革后,发展的步伐并没有停止,汽车工业在世界经济中仍处于重要的战略地位,同时呈现出一些新的发展趋势。

首先是汽车工业全球性联合改组的步伐加快,产生跨国界的重组和联合。进入20世纪90年代以来,由于产能过剩,各国对安全、排放、节能法规日趋严格,产品开发、销售成本大幅提高等原因,许多企业不能适应汽车市场的激烈竞争,促使汽车产业全球性产业结构调整,跨国汽车企业联盟已成为世界汽车工业发展的潮流。实力强大的汽车公司通过扩张、合并、兼并等手段,扩大自身规模,降低生产成本,增强自身竞争力,为继续壮大创造条件。近几年来汽车工业发生了多起全球性的兼并收购事件。包括德国戴姆勒公司与美国第三大汽车公司克莱斯勒合并❶,通用汽车收购韩国大宇汽车公司,法国雷诺和日产公司联手,福特收购瑞典沃尔沃汽车公司等❷。这些并购、重组、调整的结果是形成了年产400万辆以上六大汽车集团❸,其产量已占了世界汽车产量80%以上。同时强强联合使汽车技术、产品和企业国际化的特征更加明显,企业竞争力更加强大。

其次是世界汽车工业广泛采用平台战略,投资、研发、采购、生产、销售及售后服务等汽车产业链的主要环节日益全球化。为了提高产品竞争力,国际汽车工业广泛采用平台共享战略、零部件全球采购、系统开发、模块化供货等方式,使新产品开发费用部分地转嫁到零部件供应商,共同承担风险。实现在全球范围内合理配置资源,提高产品通用化程度,有效控制产品质量,大幅度降低成本。平台共享战略核心是提高零部件的通用性,尽最大可能实现不同车型零部件共享。零部件更大规模的生产和全球范围采购,客观上要求整车生产企业内部实施平台共享战略,以降低成本增加利润。这一战略首先在轿车生产中取得成功,到20世纪90年代被成功引入到轻型货车领域。汽车产业链的全球性配置是企业利用全球资源,实现投资、开发、生产、采购和销售的优化配置,产业链中上述主要环节不再局限于某一国地理范围,而是立足于全球平台操作。

第三是技术创新能力及新技术应用成为竞争取胜的关键。21世纪汽车市场竞争实质上是现代科技的较量,是技术创新的竞争。世界各大汽车公司已把主攻方向从实施精益生产、提高规模效益转向以微电子技术和信息技术等高新技术,对汽车工业的开发、生产、销售、服务和召回的全过程进行提升。围绕安全、环保、节能等重点领域,采用新能源、新材料、新工艺开发研制新车型,占领技术制高点。同时

---

❶ 2007年戴姆勒出售克莱斯勒公司,菲亚特接手与克莱斯勒合并。

❷ 2010年福特出售沃尔沃公司给中国吉利汽车集团。

❸ 以2012年销量计算,年销量400万辆以上的汽车企业达7家。

汽车集成化控制功能、因特网技术发展,已实现车载网络和即时通信,使汽车可以成为居室和办公室的延伸,在车内保持与外界联系,进行工作活动。汽车远程诊断、自诊断技术使生产厂家可以不接触车辆情况下获得汽车各系统的运转状况,提前发现问题。

(三)当今世界汽车工业格局

目前世界前六大汽车集团是指丰田、通用、大众、雷诺—日产、现代—起亚、福特。六大集团合计年产销量占世界总量比例超过60%(2012年计算)。排名紧随六大集团之后的:菲亚特—克莱斯勒、本田、PSA集团、宝马、戴姆勒—奔驰五家大型汽车制造企业集团,十一家集团企业合计产销量占世界总量比例近80%。由此可见,全球汽车(专指轿车和轻型车)工业总的竞争态势是大企业、大集团(一般均为跨国公司)主宰和垄断市场,领导发展潮流。

2012年世界各主要汽车公司销量见表2-3。

2012年世界各主要汽车公司销量表 表2-3

品　牌	商　标	销量(万辆)
丰田		970
通用	GM	929
大众		907
雷诺—日产	NISSAN	810
现代—起亚	KIA	712
福特	Ford	567
菲亚特—克莱斯勒	FIAT CHRYSLER	421
本田		382
PSA集团(标致—雪铁龙)	PEUGEOT CITROËN	297
宝马	BMW	185
戴姆勒		142

资料来源:网易网站汽车频道。

世界著名汽车公司如下。

1. 通用汽车集团

通用汽车公司是世界最大的汽车制造公司，总部设在美国密歇根州底特律市（图 2-20）。通用汽车公司是从 1908 年由威廉·杜兰特创办的别克汽车公司通过合并奥兹莫比尔、凯迪拉克、雪佛兰等 20 多家汽车公司改组而成。通用汽车公司也是美国最早实行股份制和专家集团管理的特大型企业之一，尤其重视质量把关和新技术的采用，因而其产品始终在用户心中享有盛誉。

图 2-20　通用汽车公司总部

通用旗下各品牌及子公司如图 2-21 ~ 图 2-23 所示。

图 2-21　通用旗下各品牌

2. 丰田汽车公司

日本丰田汽车公司成立于 1933 年，总部设在日本爱知县丰田市，早期以制造纺织机械为主。第二次世界大战后凭借创造性丰田精益生产方式（TPS）大大提高生产效率和产品质量水平，一举超越通用汽车公司成为目前世界最大汽车制造公司。丰田旗下各品牌及子公司如图2-24～图2-26所示。

图2-22　别克君威

图2-23　凯迪拉克“美国一号”

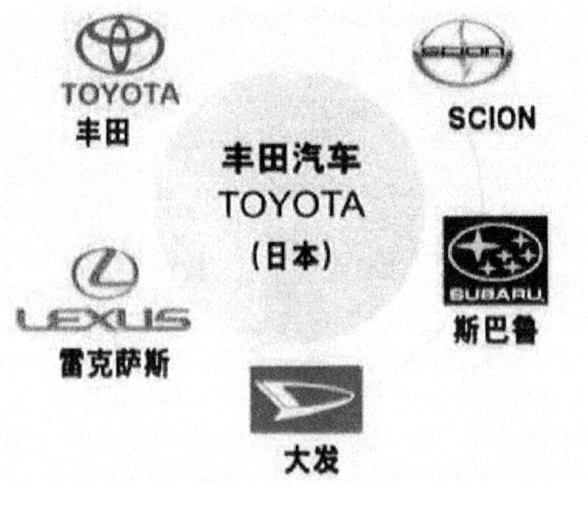

图2-24　丰田旗下各品牌

图2-25　丰田凯美瑞

图2-26　雷克萨斯RX350

3. 大众汽车公司

大众汽车公司成立于1938年，创始人是著名汽车设计师费迪南德·波尔舍，总部设在德国沃尔夫斯堡。目前是德国最大、世界前四位的汽车制造公司。以生产经典车型甲壳虫及拥有保时捷、奥迪等高端汽车品牌而闻名于世。大众集团旗下各品牌及子公司如图 2-27 ~ 图 2-29 所示。

图 2-27　大众旗下各品牌

图 2-28　大众高尔夫 7

图 2-29　大众辉腾

4. 雷诺—日产联盟

1999 年 3 月雷诺—日产联盟宣布建立战略联盟。目标是联盟双方各自要在专项领域占有领先地位，在每一个区域和每一个细分市场上，在产品与服务的质量和价值方面，实现持续盈利增长的发展战略。

法国雷诺汽车公司创立于 1898 年，是法国第二大汽车公司，品牌如图 2-30 所示。日产汽车公司创立于 1933 年，前身是户畑铸造公司和日本产业公司合并的汽车制造公司，是日本三大汽车制造企业之一，品牌如图 2-31 所示。

图 2-30　雷诺 WIND

图 2-31　日产 JUKE

5. 福特汽车公司

福特汽车公司由“美国汽车大王”亨利·福特于1903年创立，总部位于美国密歇根州底特律市。20世纪初，凭借亨利·福特“制造人人都买得起的汽车”的梦想开发出的传奇经典的车型——T形车，同时首创流水线生产大规模生产方式，改变了世界所有商品的生产方式，对人类影响深远。目前福特汽车公司仍是世界前六位，美国第二位的汽车制造公司。福特集团旗下各品牌及子公司如图2-32、图2-33所示。

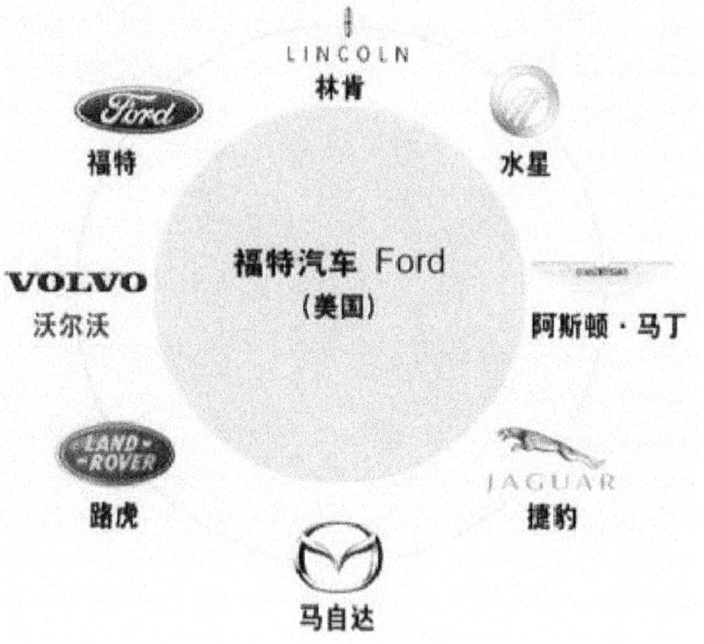

图2-32　福特集团旗下各品牌及子公司

6. 戴姆勒集团

6. 当今世界主要的几大汽车制造集团是哪几家？

戴姆勒股份公司的总部位于德国斯图加特，是全球最大的商用车制造商，也是全球第二大豪华车生产商、第二重型货车生产商。

1883年卡尔·本茨建立了世界上首家汽车厂：奔驰莱茵燃气发动机厂。1890年，戈特利布·戴姆勒建立戴姆勒发动机公司。1926年戴姆勒公司和奔驰公司合并，以生产高质量、高性能的豪华汽车闻名于世(图2-34、图2-35)。戴姆勒—奔驰成为世界上资格最老的汽车厂家之一。

7. 宝马汽车公司

德国宝马汽车公司以生产豪华轿车、摩托车和高性能发动机而闻名于世，其轿车被认为是高档汽车的先导，在国际上以高质量、高性能著称。由创始人卡尔·拉普和马克斯·弗茨创建于1916年，总部设在德国慕尼黑(图2-36～图2-38)。

图2-33　林肯加长豪华轿车

图2-34　奔驰SLK敞篷跑车

图2-35　奔驰Arocs商用车

图2-36　宝马公司总部

图2-37　宝马i8电动跑车

图2-38　宝马摩托车

(四)中国汽车工业的发展

中国第一辆自己生产的汽车是在张学良支持下,1931年由沈阳迫击炮厂制造的“民生牌”载货汽车。早在1929年张学良掌管沈阳迫击炮厂,接受了厂长李宜春建议,将军工生产转民用。拨出专门经费作为研制汽车之用,聘请了美籍工程师和国内技术人员,通过对美国瑞雪牌汽车进行拆卸、测绘和试验,掌握了汽车设计和制造技术,民生牌汽车最终得以制造完成。后来,由于日本发动侵华战争,入侵我国东三省,刚有起步的中国汽车工业被扼杀。新中国成立前中国没有真正的汽车工业。

1. 新中国的汽车工业起步阶段(1958～1983 年)

新中国成立后,建立民族汽车工业马上被提到重要的议事日程上。毛泽东主席、周恩来总理等第一代国家领导人亲自筹划中国自己的汽车工业建设。1950 年,建设汽车制造厂作为苏联援助中国的重要项目之一列入了第一个五年计划中。

1952 年,党中央任命饶斌(图 2-39)为第一汽车制造厂厂长。1953 年 7 月,在吉林省长春市举行了隆重的奠基典礼,毛主席亲笔题词“第一汽车制造厂奠基纪念”(图2-40),一汽建设正式破土动工。

图 2-39　饶斌陪同毛主席参观一汽

图 2-40　第一汽车制造厂奠基纪念

1956 年 7 月 14 日,第一批解放牌 CA10 型 4t 载货汽车(图 2-41)出厂,当年生产了 1600 多辆。“一汽”也因此被誉为中国汽车工业的摇篮。1958 年 5 月 5 日,一汽生产出东风 CA71 型轿车(图 2-42),迈出了中国人自制轿车的第一步。

图 2-41　解放 CA10 型载货汽车

图 2-42　东风 CA71 型轿车

1958 年,一汽开始试制 CA72 型红旗牌高级轿车(图 2-43)。到 1966 年 4 月,首批 20 辆红旗轿车送到北京,作为国家领导人的公务用车。同样在 1958 年 9 月,第一辆国产凤凰牌轿车诞生,开创了上海制造汽车的历史。1964 年,凤凰牌轿车更名为上海牌轿车(图 2-44)。形成北有“红旗”,南有“上海”的轿车生产格局。

1960 年,全国汽车总产量达到 22574 辆。当时,与日本、韩国等邻国相比,按照苏联模式发展起来的中国汽车起点并不算低。20 世纪 50 年代初,日本本田还只会造两轮的摩托车,而韩国现代尚没有生产汽车的念头。

1965 年,出于国际形势和国家安全等方面考虑,国家确定在山区湖北省十堰市筹建第二汽车制造厂(简称“二汽”)。从一汽抽调人员援建二汽,在产品设计、工艺工装、人员培训、调试生产完全是自力更生,主要生产东风牌载货汽车(图 2-45)

和东风牌越野车。二汽的建成,标志着中国已具备自己设计制造汽车和建设大型货车制造厂的能力。此外,还建成了四川汽车制造厂,生产红岩牌CQ260型军用6t越野车(图2-46),陕西汽车制造厂投产延安牌SX250型5t军用越野车。

图2-43　红旗CA72型轿车

图2-44　上海牌轿车

图2-45　东风EQ140货车

图2-46　红岩牌CQ260重型军用越野汽车

1958～1983年,是中国汽车工业的起步阶段,这一时期基本上是以生产载货汽车为主的汽车工业发展时期,轿车工业发展比较缓慢。中国轿车用了25年时间年产量才突破了5000辆。

2. 合资经营合作阶段(1984年开始)

1984年我国把汽车工业作为发展国民经济的支柱产业。这一年,中国汽车的第一个中外合资企业——北京吉普汽车公司诞生,投产吉普切诺基车型(图2-47)。针对我国汽车业“缺重少轻,轿车几乎空白”的不利局面,又把轿车工业作为我国汽车工业发展的重点。从20世纪80年代中期开始,我国确定建立“三大”(一汽、二汽、上汽)、“三小”(北京、天津、广州)轿车生产基地,并正式将轿车项目列为国家重点支持项目,中国轿车工业开始了战略转移。多年来主要生产载货汽车和越野汽车的历史结束,进入以轿车生产为主的时代。

有了投石问路的经验,中国汽车很快就进入了第一轮合资浪潮。1985年,上海大众汽车公司成立,桑塔纳轿车(图2-48)成为第一款投产车型。同年,南京汽车制造厂引入意大利菲亚特的依维柯汽车项目。广州汽车与法国标致的合资项目也获批。被忽略了30余年的轿车工业开始大步向前发展。到1998年,中国轿车第二轮合资热潮出现,上海通用(图2-49)、广州本田破土动工。2000年后,又成立了北京现代、华晨宝马、东风日产、广汽丰田等合资公司,使中国的汽车生产能力和产品水平进一步提高。

图 2-47　北京吉普切诺基

图 2-48　上海大众桑塔纳轿车

1998 年全国汽车年产量为 162.8 万辆,排名全球第 10 位;2000 年全国汽车生产跨越 200 万辆,上升至全球第 8 位。近 20 年来,中国汽车产销量以每年 15% 的速度增长,是世界平均速度的 10 倍。至 2010 年中国汽车产销量双双超过 1800 万辆,稳居全球产销量第一位,成为世界最大汽车生产国及最大的汽车消费市场。

图 2-49　上海通用汽车有限公司

3. 自主品牌快速发展阶段(2001 年开始)

2000 年后从国家战略发展层面到汽车工业业界均意识到在产能扩大以后,将重点发展汽车研发和制造技术及相关产业。同时中国的汽车市场跑得太快,都没来得及积淀(品牌),随着中国汽车产业不断发展,汽车消费者也日趋理性,品牌力将成为车企新一轮竞争过程中的重要指标,而这是自主品牌急需恶补的功课。

经过近 10 年的发展,我国汽车自主品牌建设取得了重要进展。以吉利、奇瑞、华晨、比亚迪、长城、江淮、力帆、中兴等为代表的我国自主品牌汽车企业迅速崛起,不仅在商用车领域占据了市场主导地位,在以轿车为主要代表的乘用车领域也取得了明显进展,并在普及型轿车市场占据了一定的优势。可以说,我国汽车的自主品牌起步较晚,底子也比较薄,但发展是很快的。自主品牌轿车市场占有率从 2001 年不到 15% 到 2009 年达到 29.7% 。目前中国汽车工业已形成上汽、一汽、二汽、长安四大国有龙头企业,北汽、广汽两家较大的地方性国企,吉利、奇瑞、长城、比亚迪四大民营自主品牌,以及华晨、江淮、东南等几家重点企业的新体制。

7. 我国汽车工业发展经过哪些发展阶段?

4. 我国著名汽车企业

1)中国第一汽车集团公司

中国第一汽车集团公司(简称“一汽”)。“一汽”是国有特大型汽车生产企业,一汽总部位于吉林省长春市,前身是第一汽车制造厂,是中国汽车工业的摇篮。一汽产销量、营业收入等连续多年居中国汽车行业前列。2010年,一汽销售汽车255.8万辆,实现营业收入4179亿元,排名进入“世界500强企业”榜单。目前自主品牌是一汽集团的一个亮点,奔腾轿车(图2-50)2010年销量达到13.45万辆。中重型商用车也是一汽优势产品。

2)东风汽车集团股份有限公司

东风汽车集团(二汽)是中国四大汽车集团之一,公司主要业务分布在十堰、襄阳、武汉、广州四大基地。公司现有总资产732.5亿元,员工12.4万人。2008年销售汽车261.5万辆,实现销售收入2691.59亿元,综合市场占有率达到14.08%。在国内汽车细分市场,中重型货车、SUV、中型客车排名第一位,轻型货车、轻型客车排名第二位,轿车(图2-51)排名第三位。乘用车领域包括东风风神乘用车公司和多个合资经营品牌公司。

图2-50 一汽奔腾轿车

图2-51 东风风神S30轿车

3)上海汽车集团股份有限公司

上海汽车集团股份有限公司(简称“上汽集团”)是国内最大的汽车上市公司。目前,上汽集团主要业务涵盖整车(包括乘用车、商用车)、零部件(包括发动机、变速器、动力传动、底盘、内外饰、电子电器等)的研发、生产、销售,物流、车载信息、二手车等汽车服务贸易业务,以及汽车金融业务。上汽集团所属主要整车企业包括乘用车公司(图2-52)、商用车公司、上海大众、上海通用、上汽通用五菱、南京依维柯、上汽依维柯红岩、上海申沃等。

2013年,上汽集团整车销量达到510.6万辆,同比增长13.7%,继续保持国内汽车市场领先优势,并以920.2亿美元的合并销售收入,第十次入选《财富》杂志世界500强,排名第85位。

4)长安汽车集团股份有限公司

长安汽车集团股份有限公司(简称中国长安),是中国兵器装备集团公司、中国航空工业集团公司两大中央企业强强联手、对旗下汽车产业进行战略重组,成立的一家特大型企业集团,是中国四大汽车集团之一,总部设在北京。

图 2-52　上汽荣威 350 轿车

长安形成了整车、零部件、动力总成、商贸服务四大主业板块,拥有强大的整车制造和零部件供应能力。经过多年的发展,长安已形成覆盖微车、轿车、客车、校车、重型货车、专用车等宽系列、多品种的产品谱系。长安始终坚持“以我为主,自主创新”的发展模式,先后推出了长安之星、长安奔奔、长安杰勋、长安悦翔、长安 CS750(图 2-53)等多款自主产品。

图 2-53　长安 CS750

5)北京汽车工业集团总公司

北京汽车工业集团总公司(简称“北汽集团”),早在 1984 年即与当时的美国克莱斯勒公司(现戴姆勒克莱斯勒)合资成立北京吉普汽车有限公司,为中国汽车制造业的首家合资企业。目前北汽集团是中国五大汽车集团之一,北京市政府重点支持发展的企业。从事整车制造、零部件制造、汽车服务贸易、研发、教育和投融资等业务。2009 年,北汽集团产销汽车 124 万辆,实现销售收入 1166 亿元,跨入“百万千亿”级的汽车集团之列,成为首都经济高端产业和现代制造业的重要支柱产业。

2010 年北汽集团自主品牌乘用车进入全面提速阶段。以自主品牌轿车和越野车(图 2-54)为龙头,发展成为乘用车产品线齐全、产业链完整、企业结构和布局合理、管理高效、盈利能力强,具有核心竞争力、自主品牌乘用车产品具有较大市场影响力的公司。

图 2-54　北汽 B40 越野车

6）广州汽车集团股份有限公司

广州汽车集团股份有限公司（简称“广汽集团”），前身是成立于 1997 年 6 月的广州汽车集团有限公司，2005 年 6 月 28 日，由广州汽车工业集团有限公司、万向集团公司、中国机械工业集团有限公司等企业对原广州汽车集团有限公司进行股份制改造，以发起方式设立的大型国有控股股份制企业集团。

2010 年，广汽集团轿车板块年产能达 110 万辆；商用车板块，通过引进轻、中、重型货车、轻型载客车和大中型客车等商用车产品，年产能达到 23 万辆；同时实现零部件板块与整车板块同步发展；不断提高自主技术研发能力，形成较强的核心竞争力，缔造成为卓越的富有竞争力的国际化大型现代企业。图 2-55 所示为广汽传祺 GS5。

图 2-55　广汽传祺 GS5

7）奇瑞汽车股份有限公司

奇瑞汽车股份有限公司，是一家从事汽车生产的国有控股企业，1997 年 1 月 8 日注册成立，总部位于安徽省芜湖市。公司产品覆盖乘用车（图 2-56）、商用车、微型车等领域，奇瑞汽车连续 9 年蝉联中国自主品牌销量冠军，成为中国自主品牌中的代表和精品。目前，奇瑞公司已具备年产 90 万辆整车、90 万台套发动机及 80 万台变速器的生产能力。成为国内最大的集汽车整车、动力总成和关键零部件的研发、试制、生产和销售为一体的自主品牌汽车制造企业，以及中国最大的乘用车出口企业，产品远销 80 余个国家和地区。

图 2-56 奇瑞瑞虎 5

8)长城汽车股份有限公司

长城汽车股份有限公司(简称“长城汽车”),长城汽车的前身是长城工业公司,是一家集体所有制企业,成立于 1984 年,公司总部位于河北省保定市。目前是国内规模最大的 SUV 和皮卡制造专业厂。旗下拥有哈弗(图 2-57)、长城两个产品品类品牌,产品涵盖 SUV、轿车、皮卡三大品类,拥有 6 个整车生产基地、80 万辆产能,具备发动机、变速器等核心零部件的自主配套能力。

图 2-57 哈佛 H6

9)浙江吉利控股集团有限公司

浙江吉利控股集团有限公司(简称“吉利汽车”)1997 年进入汽车行业,目前是中国国内汽车行业 10 强中唯一一家民营轿车生产经营企业,连续 9 年进入中国汽车行业十强,连续 3 年进入世界 500 强企业排行榜。经过近 20 年的建设与发展,吉利凭借灵活的经营机制和持续的自主创新,在汽车、摩托车、汽车发动机、变速器、汽车电子电器及汽车零部件方面取得辉煌业绩。截至 2013 年,吉利共有慈溪、临海、宁波北仑、上海、湘潭、济南、成都等 9 个生产基地,合计 60 万辆的产能。现有吉利 KC、帝豪、豪情、远景、金刚、熊猫(图 2-58)等六大系列品轿车。

8. 列举出目前我国主要的自主品牌汽车企业?

10)比亚迪汽车有限公司

比亚迪股份有限公司,创立于 1995 年,公司总部位于广东省深圳市,是一家拥有 IT、汽车和新能源三大产业群的高新技术民营企业。2003 年,比亚迪收购西安秦川汽车有限责任公司(现"比亚迪汽车有限公司"),正式进入汽车制造与销售领域,开始民族自主品牌汽车的发展征程。发展至今,比亚迪已建成西安、北京、深圳、上海、长沙五大汽车产业基地,在整车制造、模具研发、车型开发等方面都达到了国际领先水平,产业格局日渐完善并已迅速成长为中国最具创新的新锐品牌。创造出 F3DM、F6DM 双模电动汽车和纯电动汽车 E6、秦(图 2-59)等先进新型绿色电动汽车。

图 2-58　吉利熊猫小型轿车

图 2-59　比亚迪秦电动汽车

第3章　现代汽车制造方法概述

一、概述

汽车行业的发展直接取决于汽车设计、制造、运用和维修的技术水平，而汽车制造技术是将汽车设计图样变为实体产品的重要技术保障。汽车制造已经不是传统意义上的机械加工，它是集机械、电子、光学、信息科学、生物科学、激光学、管理学等最新成就为一体的一个新兴技术与新兴工业。

汽车制造包括汽车零部件制造和整车制造两大部分。汽车零部件制造是将汽车原材料通过铸造、锻造、机械切削加工、塑料成型等工艺转变为汽车产品的全过程；整车制造一般包括冲压、焊装、涂装和总装四大典型制造工艺。

建议完成本章学习时间为12学时。

二、学习目标

(1)认识汽车的基本结构。

(2)认识汽车典型的零部件和总成组成。

(3)了解汽车制造基本生产过程。

(4)了解汽车零部件毛坯的生产方式。

(5)了解零部件的切削加工方式。

(6)了解塑料成型在汽车零部件制造中的使用。

(7)了解汽车车身制造过程。

(8)了解汽车总装工艺过程。

三、学习探究

(一)汽车总体构造

汽车通常由发动机、底盘、车身、电气设备四部分组成。汽车总体构造如图3-1所示。

学习收获：

1. 你认为汽车由哪几部分组成？

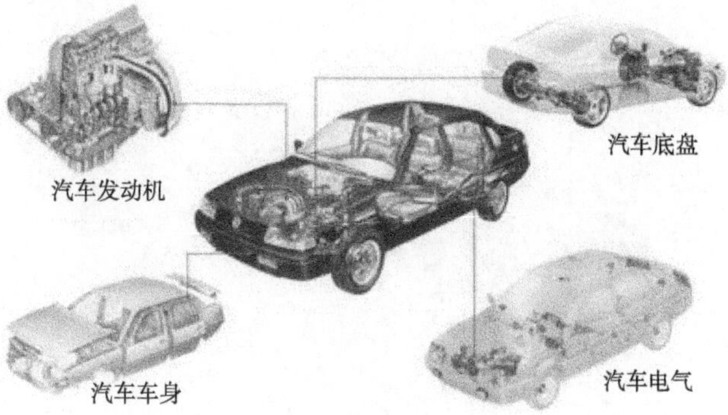

图3-1　汽车组成

1. 汽车发动机

发动机是汽车的动力装置，是汽车最重要的组成部分。汽车发动机一般是将液体燃料或气体燃料和空气混合后直接输入机器内部燃烧产生热能，再转变为机械能，通过底盘驱动汽车行驶。发动机结构如图3-2所示。现代汽车发动机主要采用往复活塞式内燃机。发动机一般由汽缸体、曲柄连杆机构、配气机构、燃料供给系统、冷却系统、润滑系统、点火系统和起动系统组成。

2. 汽车发动机的作用是什么？有哪些结构？

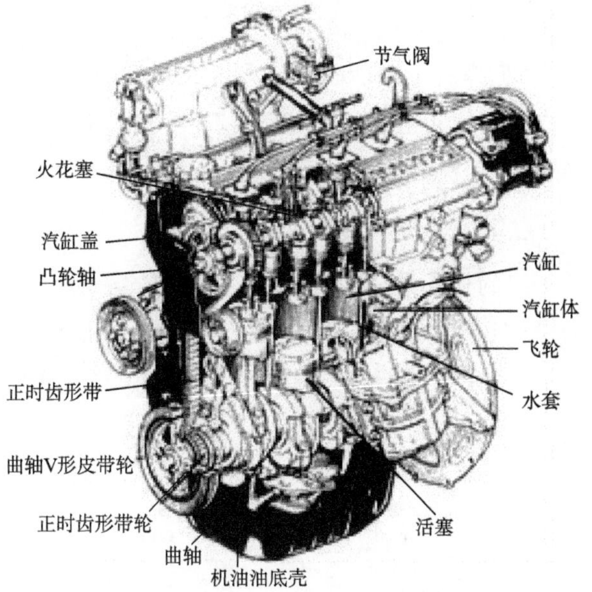

图3-2　汽车发动机

2. 汽车底盘

底盘的功用是支撑、安装汽车发动机及其各零部件、总成，形成汽车的整体造型，并接受发动机的动力，使汽车产生运动，保证正常行驶。如图3-3所示，汽车底盘由传动系统、行驶系统、制动系统和转向系统所组成。

3. 汽车底盘包括哪些结构？请在汽车上指出来。

(1)传动系统。传动系统由离合器、变速器、万向传动装置和驱动桥组成，将发动机输出的动力传给驱动轮，并使之满足汽车行驶的需要。

4. 请在汽车上指出变速器、车轮、制动踏板、手动制动杆、转向盘。

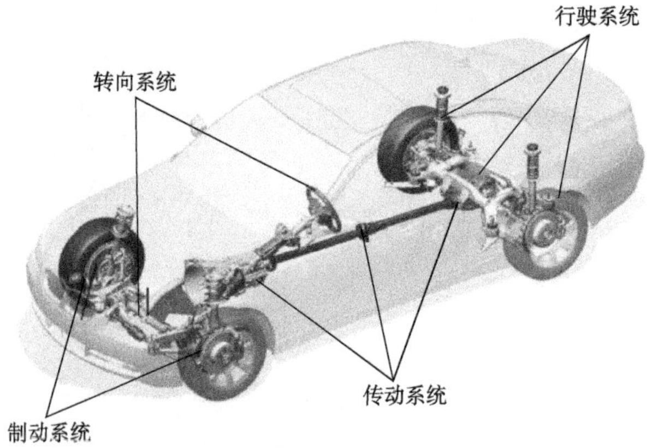

图 3-3 汽车底盘

(2)行驶系统。行驶系统是汽车的基础,由车架、车桥、车轮与轮胎以及悬架装置组成。行驶系统影响汽车操纵稳定性和乘坐舒适性。

(3)制动系统。制动系统的功用是使行驶中的汽车减速或停车,使停放的汽车可靠地驻留原地不动。制动系统由行车制动装置和驻车制动装置组成,而行车制动装置由设在每个车轮上的制动器和制动操纵机构组成,由驾驶员通过制动踏板操纵。驻车制动装置的制动器是与后桥制动器合一的,驻车制动器由手操纵杆来操纵。

(4)转向系统。转向系统是用来改变或者恢复汽车的行驶方向。它是通过使前轮相对与汽车纵向平面偏转一定的角度来实现转向的。转向系统主要由转向操纵机构、转向器和转向传动机组成。

3. 车身

5. 车身的四门两盖是指哪些?

车身是驾驶员工作的场所,也是装载乘客和货物的场所。汽车车身不仅要为驾驶员提供方便的操作条件,为乘客提供舒适安全的环境或保证货物完好无损,还要求其外形精致美观。如图 3-4 所示,车身主要由车门、车顶、底板、翼子板、行李舱盖等组成。

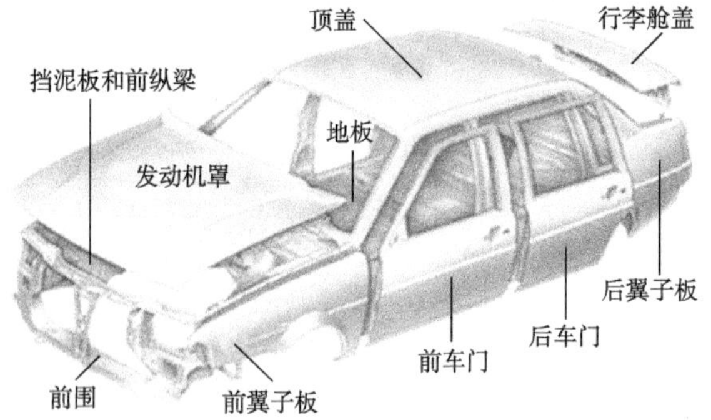

图 3-4 车身结构组成

6. 车灯是属于电气设备吗?你还能列出哪些电气设备?

4. 电气设备

现代汽车电气设备一般由电源、用电设备和配电装置三大部分组成。电源部分包括蓄电池、发电机和调节器。用电设备部分包括起动系统、点火系统、照明设备、信号装置、仪表及报警装置、汽车电子控制系统及辅助电器等。配电装置包括中央接线盒、电路开关、熔断器、插接件和导线。图3-5所示为汽车发电机，图3-6所示为汽车线束。

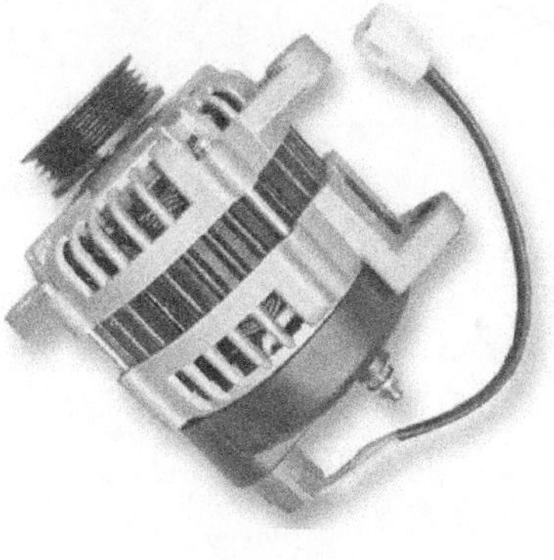

图3-5　发电机

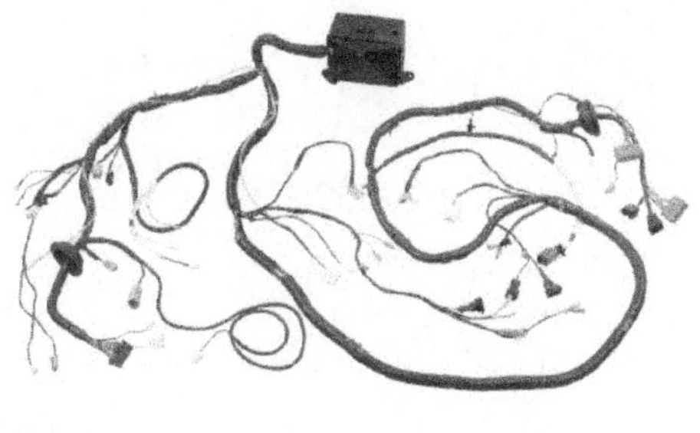

图3-6　线束

(二)典型汽车零部件认识

1. 汽车外观部件认识

汽车由成千上万个零部件组成，图3-7所示的汽车外观零部件，主要包括车门、前挡泥板、后挡泥板、前翼子板、后翼子板、前照灯、尾灯、发动机罩、风窗玻璃、座椅、转向器等。

7. 观察汽车外观，能找出相应的零部件吗？四门两盖有何特点？

图3-7　汽车外观零部件图解

2. 万向节认识

万向节是一种用来连接两根具有一定夹角的传动轴并传递动力的元件。图3-8所示的万向节由十字轴、套筒、套筒叉、传动轴叉、轴承和卡环等组成。

8. 万向节在传动装置中起到什么作用？

3. 驱动桥总成认识

9. 构成驱动桥的齿轮有什么特点？

驱动桥是将由万向传动装置传来的发动机转矩传给驱动车轮，并经降速增矩、改变动力传动方向，使汽车行驶，而且允许左右驱动轮以不同的转速旋转。驱动桥是传动系统最后的一个总成，一般由主减速器、差速器、半轴和桥壳等组成。驱动桥如图 3-9 所示。典型差速器的结构如图 3-10 所示。

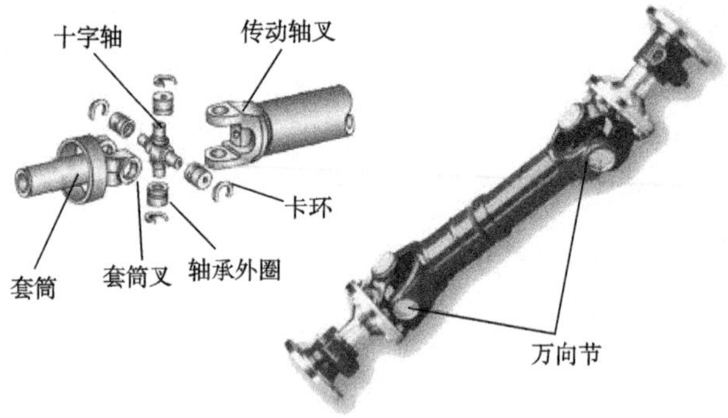

图 3-8　万向节结构图

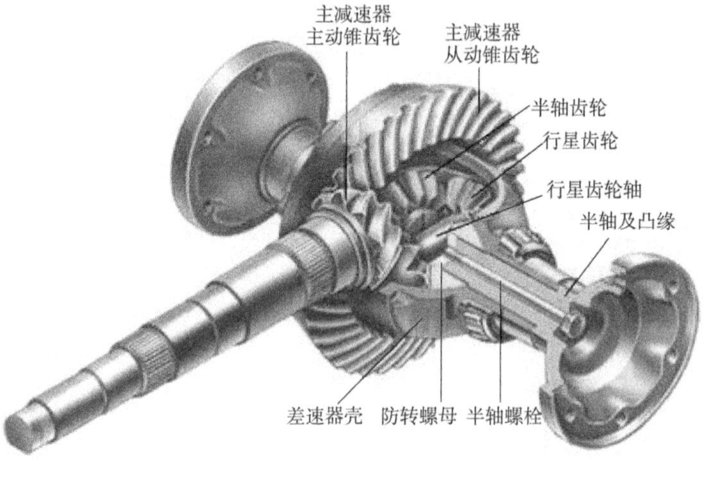

图 3-9　驱动桥结构图

4. 盘式制动器

10. 制动盘属于固定元件吗？

车用盘式制动器通常由旋转元件和固定元件两部分组成。旋转元件是以端面工作的金属圆盘为工作面，成为制动盘，制动盘都安装于车轮内侧。固定元件由与车桥连接的制动底板、制动钳以及摩擦块等组成，如图 3-11 所示。

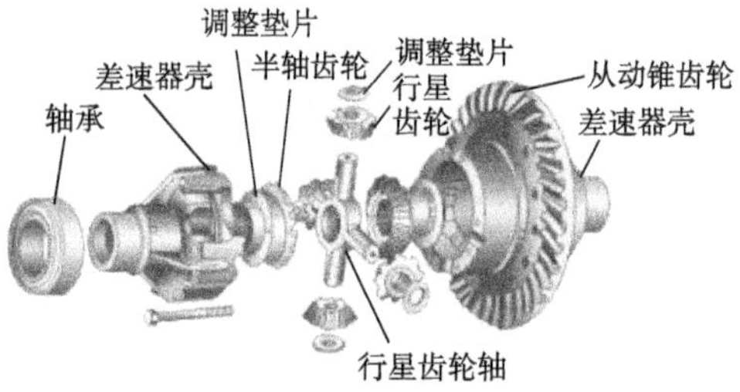

图 3-10　典型差速器结构图

11. 曲轴有何特点？

5. 曲柄连杆机构认识

发动机是由许多机构和系统组成的复杂机器，一般汽油发动机主要由两大机构和五大系统组成,图3-12所示为发动机的分解图。两大机构是指曲柄连杆机构和配气机构。

12. 在曲柄连杆机构中,活塞连杆分别与哪些零部件连接?

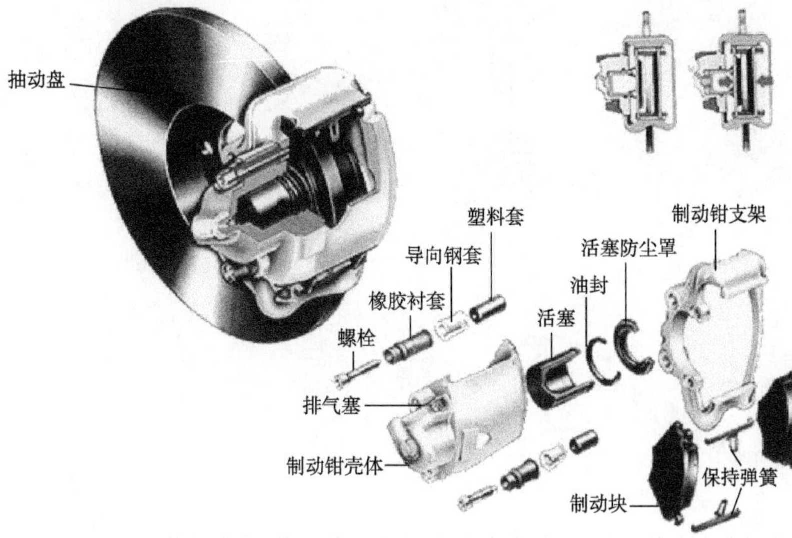

图3-11 盘式制动器结构

曲柄连杆机构是发动机借以生产动力,并将活塞的往复直线运动变为曲轴的旋转运动而输出动力的机构。包括机体组、活塞连杆组、曲轴飞轮组。结构如图3-13所示。该机构的典型零部件有曲轴、活塞、连杆等,如图3-14、图3-15所示。

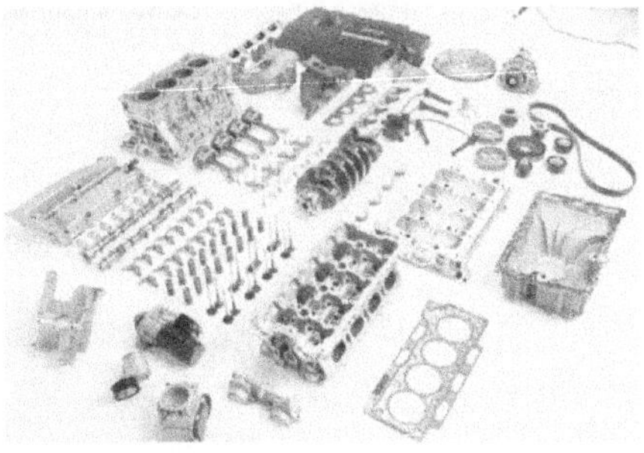

图3-12 发动机分解图

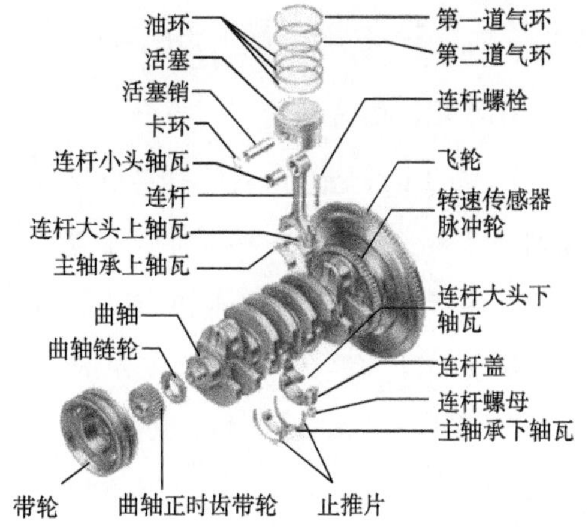

图3-13 曲柄连杆机构

6. 配气机构

配气机构是根据发动机的工作需要,适时地打开或关闭进、排气门,使可燃混合气及时进入汽缸并在燃烧后及时将废气从汽缸中排出。配气机构包括气门组和气门传动组,如图3-16所示;其典型零部件有凸轮轴,如图3-17所示。

13. 配气机构的动力来自哪里?

图 3-14　曲轴

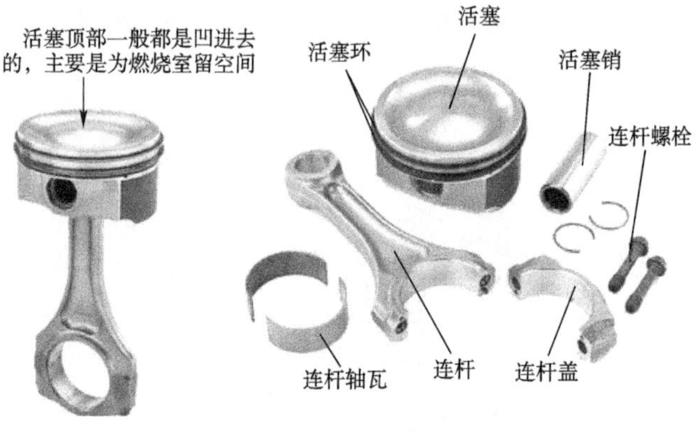

图 3-15　活塞连杆

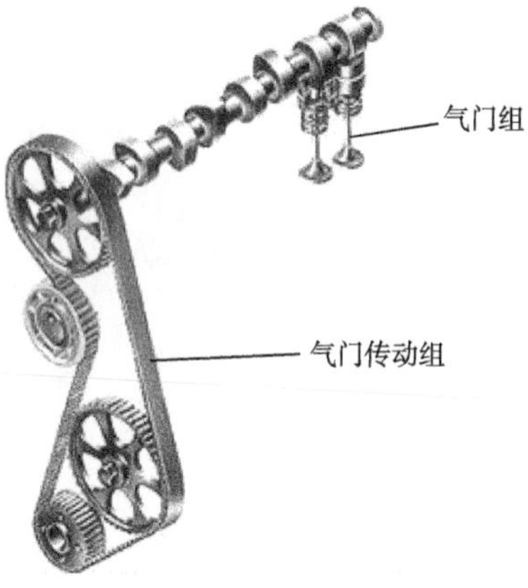

图 3-16　配气机构

图 3-17　凸轮轴

(三)汽车产品的基本生产过程

1. 汽车制造特点

14. 汽车制造的特点是什么？

汽车的生产制造是从原材料→毛坯→加工→装配的过程，但由于汽车的种类和型号众多、结构复杂、零部件数量庞大、生产批量大、效率高的特点，使得汽车零部件的生产具有专业化和高度自动化的生产特点；且具有集团化、机械化和电子化的特点。另外，汽车生产制造过程中涉及铸造、锻造、机械加工、冲压、焊接、热处理、化工油漆、轻工纺织、电子电器等生产领域，是一个多学科、跨专业、综合性的生产制造过程。

2. 汽车制造企业

15. 描述汽车企业间的关系。

一辆汽车是由 2 万～3 万个零部件组成的，汽车的生产属于批量生产，汽车制造企业的关系示意如图 3-18 所示。

1）专业化零部件生产厂

专业化零部件生产厂是专门生产汽车零部件，并配套给汽车整车厂进行总装；专业化生产的优点是生产过程高度自动化、生产管理现代化、产品标准化和系列化，以保证整车制造厂的配套供应。组成汽车的大型零部件如发动机、变速器、传动系统、减速器、制动系统、散热器等，均由专业的生产厂进行生产。

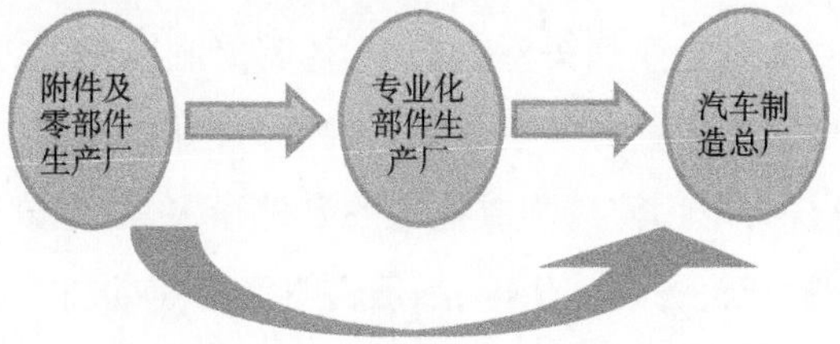

图3-18　汽车制造企业的关系示意图

2）附件及零部件生产厂

附件及零部件生产厂主要负责生产高质量、互换性强的附件和零部件，具有生产批量大和生产效率高的现代汽车生产设备及生产能力，所生产的附件、零部件配套给专业化零部件生产厂、汽车制造总厂以及满足汽车售后服务市场的需求。

3）汽车制造总厂

汽车制造总厂主要完成车身冲压、焊装、涂装和整车装配。在汽车制造总厂中，都有先进的生产线，如冲压生产线、焊装生产线、车身涂装生产线、整车装配生产线和检测线。

3. 汽车制造基本生产过程

汽车制造涉及的制造工艺主要包括铸造、锻造、冲压、焊接、金属切削加工、检验、热处理、装配、整车试验等。其基本生产过程如图3-19所示。

16. 汽车产品的生产过程包括哪些？

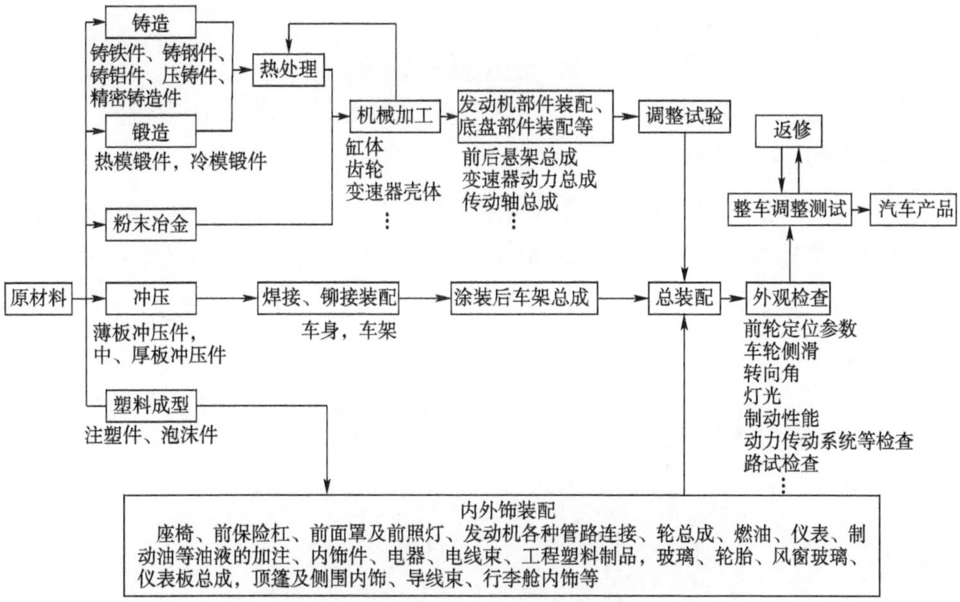

图3-19　汽车制造基本生产过程

（四）汽车零部件的毛坯制造方式

17. 零部件的毛坯生产方式有哪些？

毛坯种类的选择不仅影响毛坯的制造工艺及费用，而且也影响零部件后续的机械加工工艺和加工质量。常见毛坯种类有铸件、锻件、焊接件、冲压件等。

1. 铸造

18. 有哪些汽车零部件是采用铸造工艺制作的？

铸造是将熔化的金属浇注到铸型空腔中，待其凝固冷却后，获得一定形状的零件或毛坯的成型方法。铸造获得的毛坯或零件成为铸件。

在汽车制造过程中，采用铸造制成毛坯的零件很多，如汽缸体、变速器体、转向器壳体、后桥壳体、制动鼓、各种支架等，一般占汽车自重的 20%。

一般铸造可分为砂型铸造和特种铸造；砂型铸造是以砂为造型材料制备铸型的一种铸造方法。目前汽车中约 90% 的铸件采用砂型铸造方法生产。

砂型铸造的示意图如图 3-20 所示，砂型铸造的工艺流程如图 3-21 所示。

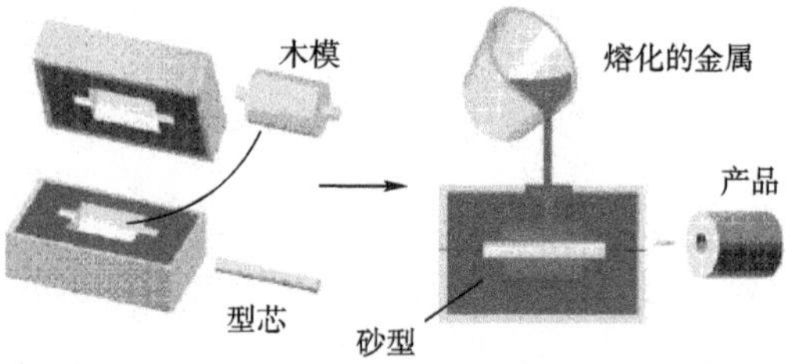

图 3-20　砂型铸造示意图

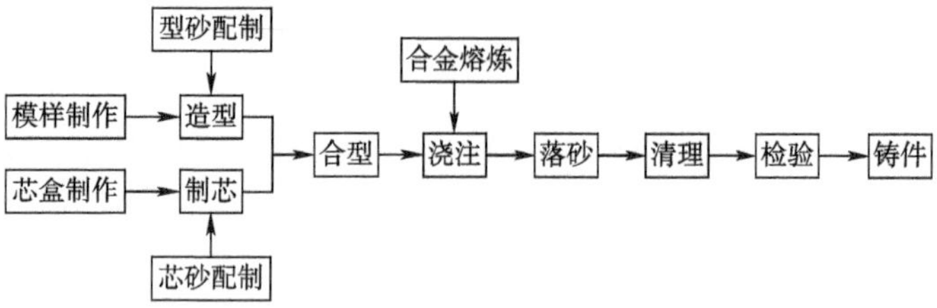

图 3-21　砂型铸造的工艺过程

特种铸造是指砂型铸造以外的铸造方式，包括金属型铸造、压力铸造、低压铸造、离心铸造及消失模铸造等。

在汽车零件中，铝合金缸盖、进气管及活塞等形状不太复杂的中小型铸件的大批量生产均采用金属型铸造。缸体、缸盖等铝压铸件可采用压力铸造。带轮、变速器和壳体等可采用低压铸造。而各类管状零件的毛坯可采用离心铸造。图 3-22 所示为铸造车间。

图 3-22　铸造车间

2. 锻造

锻造是利用金属材料的可塑性,借助外力(如加压设备)和工模具的作用,使铸锭或坯料产生局部变形或全部变形,而形成所需要的形状、尺寸和一定组织性能的锻件。锻造一般分为自由锻造和模型锻造。锻件的强度及可靠性很高,广泛应用于车用发动机、变速器、转向器、行走部分总成的零件上,主要有以下几类:

(1)发动机:曲轴、连杆、连杆盖、凸轮轴、进排气门等。

(2)转向系统:转向节、转向节臂、转向扇形轴、转向摇臂等。

(3)传动系统:驱动轴、等速万向节、轴承座圈、十字轴、主动小齿轮、行星齿轮、半轴齿轮等。

悬架:上悬臂架、下悬臂架、转向横拉杆等。

自由锻造是将金属坯料放在铁砧上承受冲击或压力而成型的加工方法,其锻件的形状和尺寸主要由锻工的技术水平来保证。自由锻造可分为手工锻造和机器锻造两种方式,汽车零件一般采用自由锻造压力机进行生产。自由锻造的工序包括:镦粗、拔长、冲孔、弯曲、切割、错移和扭转等。图3-23所示为自由锻造压力机。

模型锻造是将金属坯料放在锻模的模镗内,承受冲击或压力而成型的加工方法。与自由锻相比较,模锻所制造的工件形状更复杂,尺寸更精确。汽车零部件中的发动机连杆、曲轴,汽车前轴、转向节等是采用模锻加工的典型件。连杆锻模如图3-24a)所示,曲轴锻模如图3-24b)所示。

19. 锻造需要使用什么设备?

20. 锻造所用的锻模是如何生产的?举例说明。

图3-23 自由锻造压力机

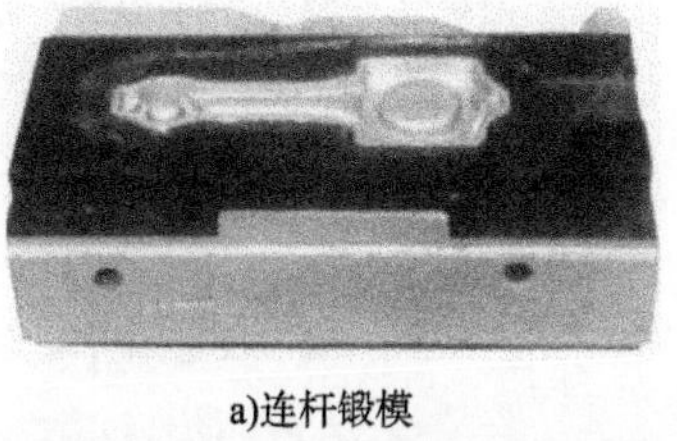

a)连杆锻模

b)曲轴锻模

图3-24 连杆锻模和曲轴锻模

热模锻压力机如图3-25所示,锻造厂如图3-26所示。

3. 冲压

冷冲压或板料冲压是使金属板料在冲模中承受压力而被切离或成型,从而获

21. 在汽车制造总厂中,哪些零配件是使用冲压工艺制造的?

得一定形状、尺寸和性能的零部件加工方法。汽车车身由覆盖件、结构件等组焊而成的全金属薄壳结构，车身主体的零部件基本上都采用冲压工艺生产，冲压材料的质量占汽车总质量的40% ~45%。采用冲压工艺生产零部件有质量轻、强度和刚性好，且工艺过程较简单、尺寸的一致性好、材料消耗少等特点。

图3-25　热模锻压力机

图3-26　锻造厂

汽车中的车身内、外覆盖件和骨架件；车架的纵梁、横梁和保险杠等；车轮的轮毂、挡圈等；座椅的骨架、滑轨和调节器等；车厢的侧板和底板等；发动机油底壳、汽缸盖等；底盘上的制动器底板、减振器零部件等都是冲压件。一般的工序过程为落料、冲孔、拉伸、弯曲、翻边、修正等。车门冲压件如图3-27a)所示，冲压生产线如图3-27b)所示。

a)车门冲压件　　b)冲压生产线

图3-27　车门冲压件及冲压生产线

4. 焊接

22. 车身焊接一般采用哪些焊接方法？

焊接是将两片金属局部加热或同时加热、加压而结合在一起的加工方法。焊接能够方便地利用型材以及采用铸造—焊接、锻造—焊接、冲压—焊接等复合工艺，制造出各种大型的、复杂的机械结构和零部件。

根据焊接过程中的加热程度和工艺特点的不同，焊接的分类如图3-28所示。

汽车车身制造，采用大量的点焊技术，点焊适于焊接薄钢板。点焊示意图、点焊机器人、点焊机分别如图3-29a)、b)、c)、d)所示。

23. 数控车床与普通车床有何区别？

(五)汽车零部件的金属切削加工

根据汽车零部件的表面特征，可分为不同的典型零部件，如轴类零部件、箱体类、盘类螺纹件、花键、齿轮以及异形件等，这些零部件的配合表面需要通过切削加工来获得。

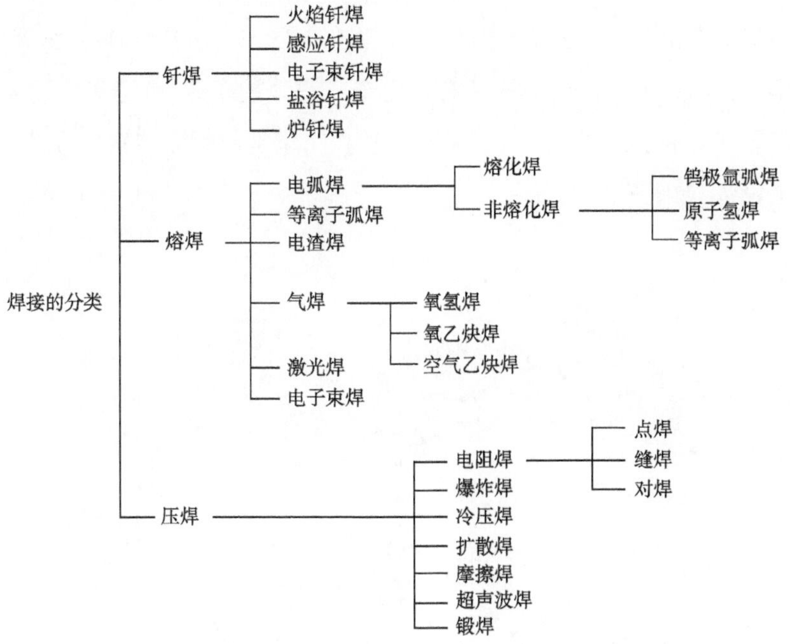

图3-28　焊接的分类

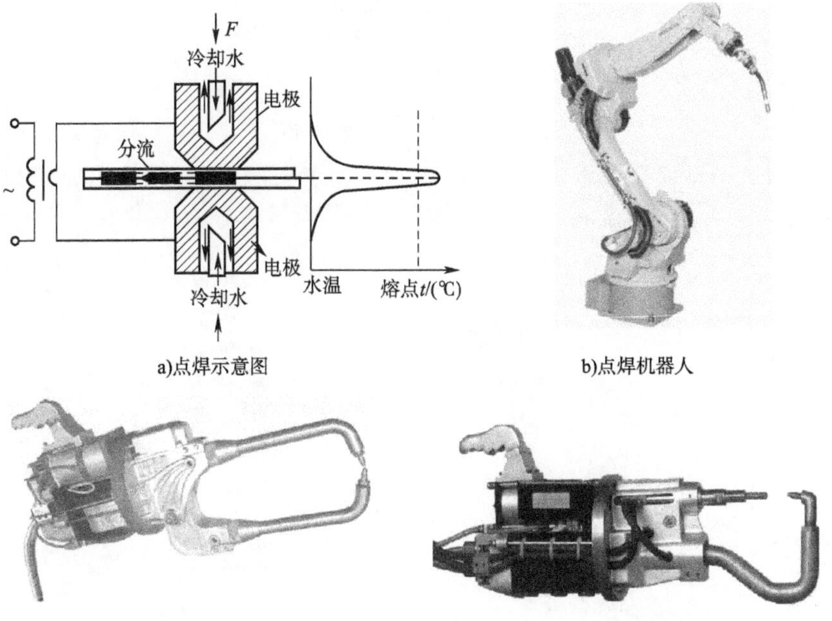

a)点焊示意图　b)点焊机器人

c) X型点焊机　d) C型点焊机

图3-29　点焊示意图、点焊机器人、X型点焊机、C型点焊机

金属切削加工是用刀具将金属毛坯逐层切削，使工件得到所需要的形状、尺寸和表面粗糙度的加工方法。

金属切削加工包括钳工和机械加工两种加工方法。钳工加工是工人用手工工具进行切削的加工方法，广泛应用于装配和修理中；机械加工是借助于机床来完成切削的加工方法，包括车、铣、刨、磨、钻等方法。

1. 车削加工

24. 车削的工件有什么共同点?

车削加工是指在车床上用车刀加工工件的过程。一般用于轴类、盘类、套类等回转体零部件的加工。常用的设备有普通车床和数控车床，普通车床是采用手工操作进行零部件的加工，如图 3-30a)所示；数控车床是使用数字化信号进行控制的自动加工设备，如图 3-30b)所示。

a)卧式普通车床

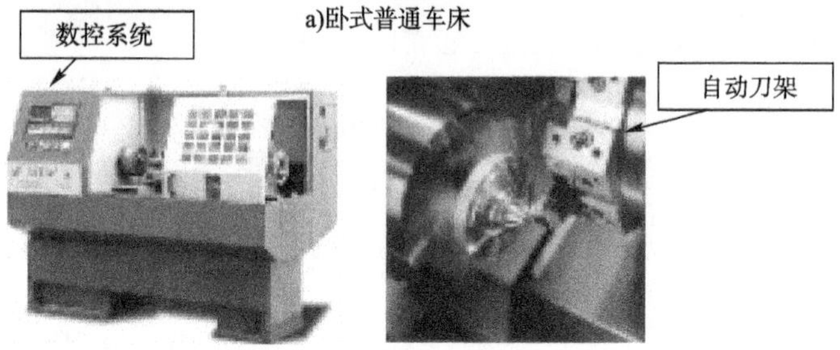

b)卧式数控车床

图 3-30　普通车床和数控车床

车削加工一般是对铸件、锻件等毛坯的配合回转面、端面，螺纹的加工，如图 3-31 所示的汽车空心花键轴和汽车传动轴。

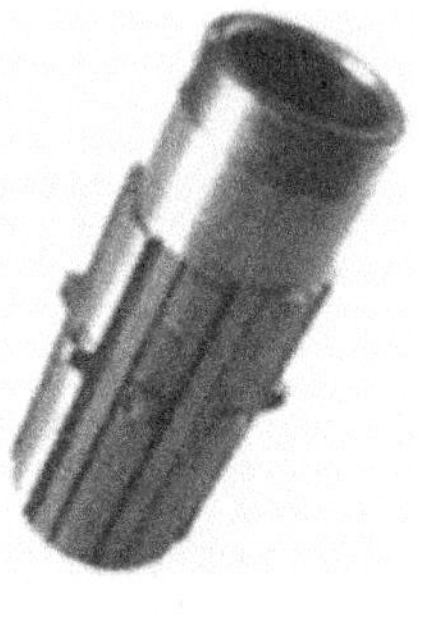

a) 空心花键轴

b) 传动轴

图 3-31　空心花键轴和传动轴

2. 铣削加工

25. 使用加工中心加工有何优势?

铣削加工是指在铣床上用铣刀加工工件的过程。一般可用于加工斜面、沟槽，甚至球面和齿轮。常用的设备一般有普通铣床、数控铣床和加工中心等。汽车车身冷冲压的模具都是用铣削加工。图 3-32 所示为铣削加工设备。

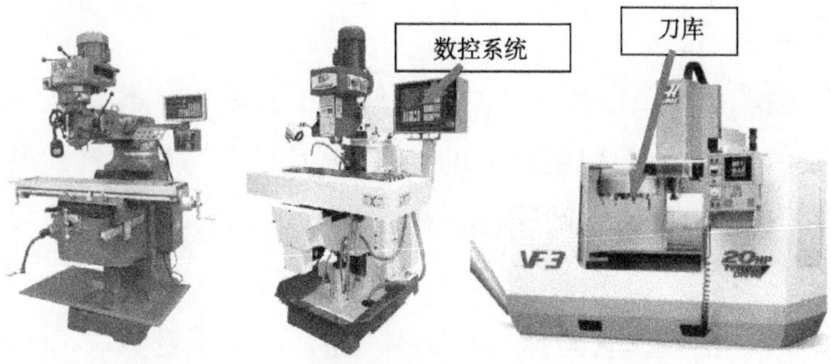

a) 立式普通铣床　　b) 立式数控铣床　　c) 立式加工中心

图3-32 铣削加工设备

3. 刨削加工

刨削加工是指在刨床上用刨刀加工工件的工艺过程。刨床适于加工平面、垂直面、斜面和沟槽等。发动机的缸体和缸盖的结合面、变速器箱体和盖的配合平面等都用刨削加工。如图3-33a)所示为牛头刨床,图3-33b)所示为刨削平面。

26. 刨床可用于加工何种结构的零部件?

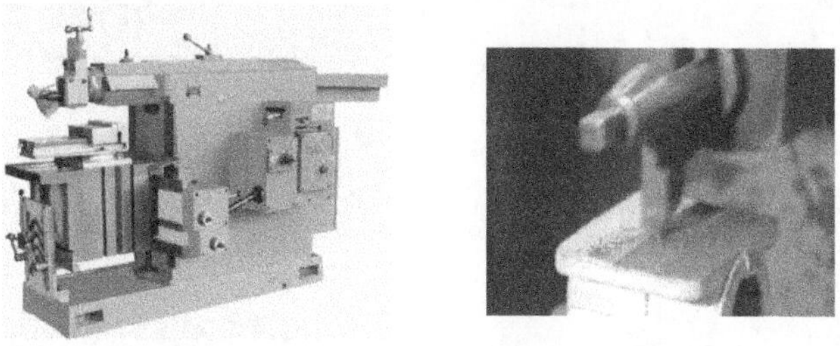

a) 牛头刨床　　b) 刨削平面

图3-33 牛头刨床及刨削平面

4. 钻削加工和镗削加工

钻削加工和镗削加工是指在钻床或镗床上加工孔类零件的主要切削方法。在汽车各类箱(壳)体类零部件的连接孔、螺纹孔的底孔、凸缘和法兰类零部件的连接孔等均采用钻床进行加工。万向摇臂钻床如图3-34所示。

27. 孔的加工方法有哪些?

镗床一般用于加工直径大的孔,除了镗孔外,还可以进行钻孔、铰孔,以及用多种刀具进行平面、沟槽和螺纹加工。卧式镗床如图3-35所示。

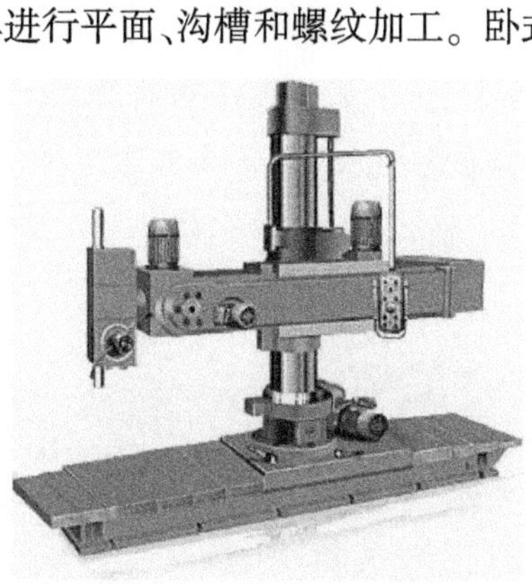

图3-34 万向摇臂钻床

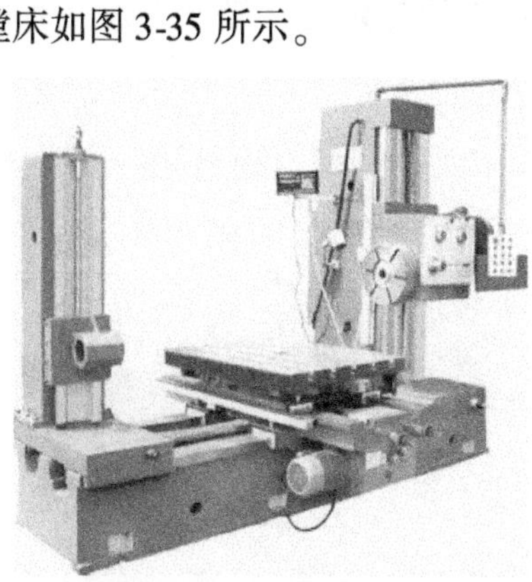

图3-35 卧式镗床

28. 磨削有何优缺点?

29. 曲轴和凸轮轴磨削的位置如何选取?

30. 请列举日常用品中有哪些是塑料件?

5. 磨削加工

磨削加工是指在磨床上用砂轮加工工件的工艺过程。磨削是一种精加工方法,可以获得高精度、小表面粗糙度值的工件,而且可以磨削材料硬度很高或经过热处理的工件。磨削可加工外圆、内孔、平面、螺纹、齿轮、花键、导轨和成型面等各种表面。

按照用途和采用的工艺,磨床可分为外圆磨床、内圆磨床、平面磨床、工具磨床、刀刃具磨床、专用磨床、研磨床及其他磨床等。数控无心外圆磨床如图 3-36a)所示,液压平面磨床如图 3-36b)所示。

a)数控无心外圆磨床

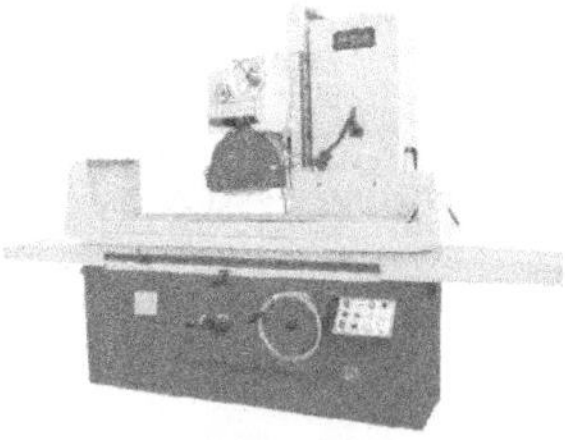

b)液压平面磨床

图 3-36 数控无心外圆磨床和液压平面磨床

在汽车零部件中,如曲轴、凸轮轴等精密零部件都需要进行磨削加工,如图 3-37、图 3-38 所示。

图 3-37 曲轴磨削

图 3-38 凸轮轴磨削

(六)汽车零部件的塑料成型

为了减轻汽车的质量,降低汽车整体成本,汽车上大量使用塑料件,如仪表板、车身内饰、保险杠、门内板、顶篷、通风格栅、空调机壳、油箱等大型零部件,及各种开关、把手、结构件、车灯、遮阳板、风扇叶片、装饰件、轮罩、护条等小型零部件。如图 3-39 所示的塑料件。

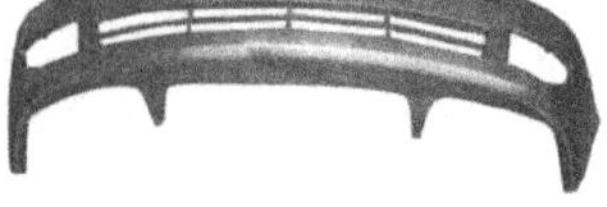

a) 保险杠塑料件

b) 仪表板塑料件

图 3-39 保险杠和仪表板塑料件

塑料的成分是合成树脂,如聚氯乙烯、聚乙烯、聚丙烯、聚苯乙烯、酚醛树脂、环氧树脂等。并从单一组成材料向复合材料方向发展,促进汽车的塑料化发展。

1. 注射成型工艺

塑料成型一般采用注射成型工艺,注射成型也称注塑成型,是热塑性材料塑料制件的一种主要成型方法。卧式注射机的结构如图3-40所示。

注射成型的工艺过程如下:塑料加热→螺杆将熔融塑化材料推向前端→注入模具型腔→保压→冷却定型→脱模、取件→去浇口凝料、飞边余料。

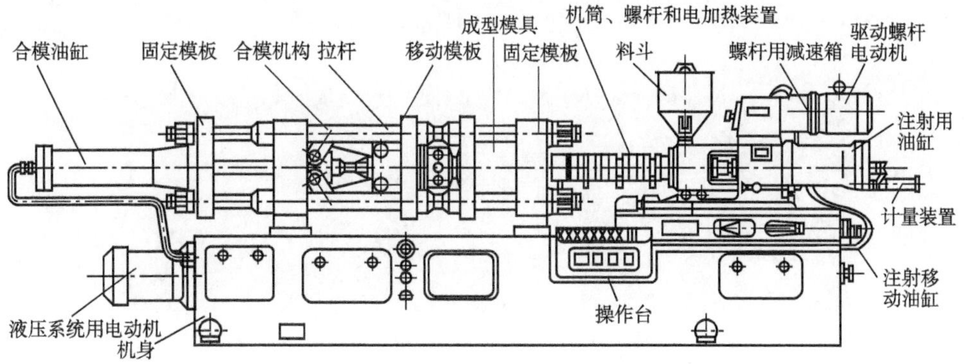

图3-40　卧式螺杆式注射机结构示意图

2. 压缩成型工艺

压缩成型是将粉末、粒状或纤维状的热固性塑料放入模具加料腔内,如图3-41a)所示,然后合模加热使材料熔融,并在压力的作用下使塑料流动而充满模腔,如图3-41b)所示,同时模腔中的塑料产生化学交联反应,冷却固化后脱模,如图3-41c)所示。

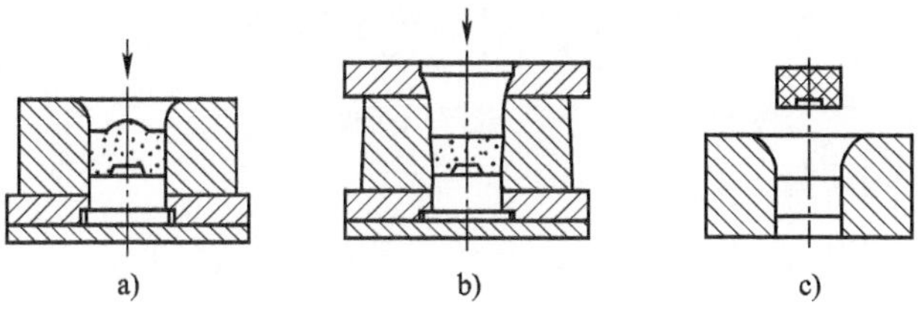

图3-41　压缩成型工艺过程

压缩成型适合于大型零部件的生产,如汽车零部件中的导流板、车门板、门梁柱、顶篷等。

3. 压注成型工艺

压注成型是在压缩成型的基础上进行改进的一种热固性塑料的成型方法,其工艺过程是:模具闭合后,将塑料加入已加热到一定温度的模具加料室中,使其受热熔融,在柱塞的作用下,熔融的塑料通过模具的浇注系统注入并充满型腔,塑料在型腔中继续受热和受压而固化成型,最后脱模取出塑件。

(七)汽车车身制造

在汽车整车生产企业中,一辆汽车的诞生,基本上可概括为冲压、焊装、涂装和总装四大工艺。而车身制造则涵盖了冲压、焊装和涂装。

1. 汽车覆盖件冲压工艺过程

冲压是整车制造过程的第一步,钢板或铝板毛坯将从存放地经过开卷处理(包括清洗、校平、落料、码垛等步骤),然后输送到冲压线。几台压机将对钢板/铝板进行冲压(包括拉延、冲孔、弯曲、翻边、修正等工序),最后冲压成一块块形状结构复杂的车身零部件。冲压工艺过程如图 3-42 所示。

图 3-42　车身板件冲压工艺过程

专业名词解释

清洗:将钢板表面的润滑油、灰尘等清洗干净,随后还会被涂上一层润滑脂。

校平:利用模具使坯料产生不大的塑性变形,以消除平面度误差。

落料:是指从材料中将需要的部分冲裁出来。

码垛:把初步处理的板材整齐地堆叠好,方便运输。

拉延:也称拉深,是利用拉深模具,将平板坯料制成开口空心件的一种冲压方法。

切边:是把冲压之后的多余钢材去掉。

冲孔：在工件或板料上冲出所需形状的孔的冲裁工序，“开天窗”也属于冲孔的一种。

翻边：是在预先冲制好孔的制件上，依靠材料的伸长，利用模具沿孔周边翻成竖直边缘的冲压工艺。

2. 车身焊装工艺过程

汽车车身是由数以千计冲压成型的板壳构件，通过焊接工艺方法组合在一起的。车身焊装工艺是指将冲压成型的车身各组件组装成一个完整的白车身的全部工艺过程，其内容主要有焊接、滚或折边、涂胶、合装、返修等工序。由于其中焊接占了全部工艺的 90% 左右，因此统称为焊装。

31. 总装厂中为何要使用焊装机器人进行焊装？

图 3-43 所示为车身焊装工艺最重要的特征。

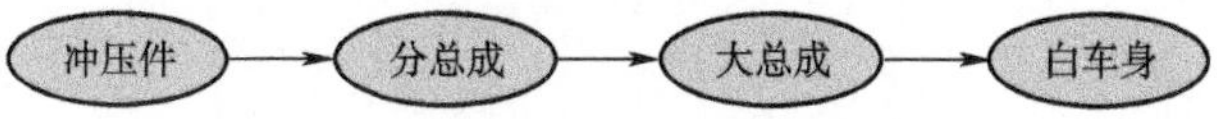

图 3-43　车身焊装特征

汽车制造企业根据车身总成部件结构特征的不同，建设不同的分装线，如车门焊装线，如图 3-44 所示。在车门焊装线上有些部位还是需要人工操作完成。

图 3-44　车门焊装线

白车身的主焊装线流程如图 3-45 所示。

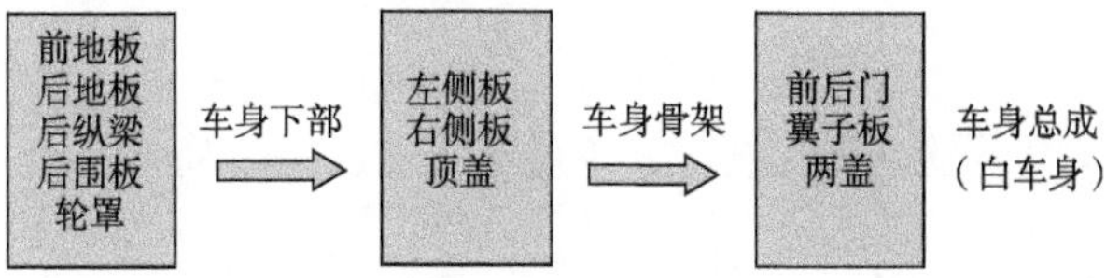

图 3-45　主焊装流程图

现代汽车企业一般的主焊装线都大量采用自动焊接机器人构成自动生产线，如图 3-46 所示。

3. 白车身涂装工艺过程

通过焊装完成了的白车身，下一道工序是要进行涂装。汽车车身涂装属于多层涂装，由于汽车的使用条件及外观要求不同，因此涂装工艺有所不同。

图 3-46　自动焊装生产线

一般涂装过程如下：进入涂装车间的白车身首先要进行清洗，然后进行电泳处理（底漆），再进行中漆喷涂（也属于防锈的一层），最后进行漆面喷涂（也称色涂）。其工艺流程如下：

涂装前处理：白车身→热水洗（喷）→预脱脂（喷）→脱脂（浸）→水洗 1（喷）→水洗 2（浸）→表调（浸）→磷化（浸）→水洗 3（喷）→水洗 4（浸）→新鲜纯水洗（浸）。

底涂：阴极电泳→UF0（喷）→UF1（喷）→UF2（浸）→UF3（喷）→纯水洗（浸）→滴水→烘干→（钣金修整）。

中涂：PVC 喷涂→胶烘干→底漆打磨→中涂（擦净、喷涂、流平）→烘干→中涂打磨。

色涂：面漆喷涂（擦净、喷涂、流平）→烘干→抛光检查。

涂装过程示意图如图 3-47 所示。

（八）汽车总装工艺

汽车总装工艺是汽车整车制造四大工艺过程中的最后一个环节，是汽车整车质量的重要保证。汽车总装就是把经检验合格的各种零部件、总成，按一定的技术要求和质量要求连接组合成整车，并经严格的检测程序，确认其是否合格的生产工艺过程。

汽车总装工艺十分复杂，由数百个工位组成，图 3-48 所示某汽车公司汽车总装工艺的主要流程。

汽车总装工艺在机械化的流水线生产上完成，其内容包括汽车总成部件的配送、装配、车身的输送及整车下线检测等内容，图 3-49 所示为总装线局部图。为了简化总装工艺、提高总装效率，汽车总装已普遍实现了模块化生产，也称分装线。例如，将动力系统（包括发动机及整个传动系统）、车桥与悬架集成为一个底盘分装线；将汽车全部仪表与空调机组成仪表台分装线；将车门及安装在车门上的所有附件组成车门分装线等，如图 3-50 所示。

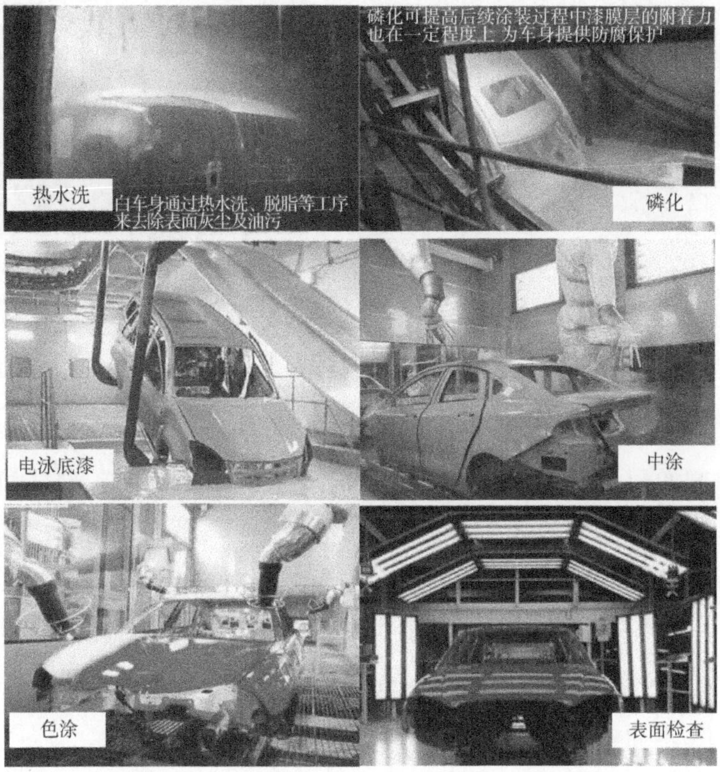

图3-47　涂装过程示意图

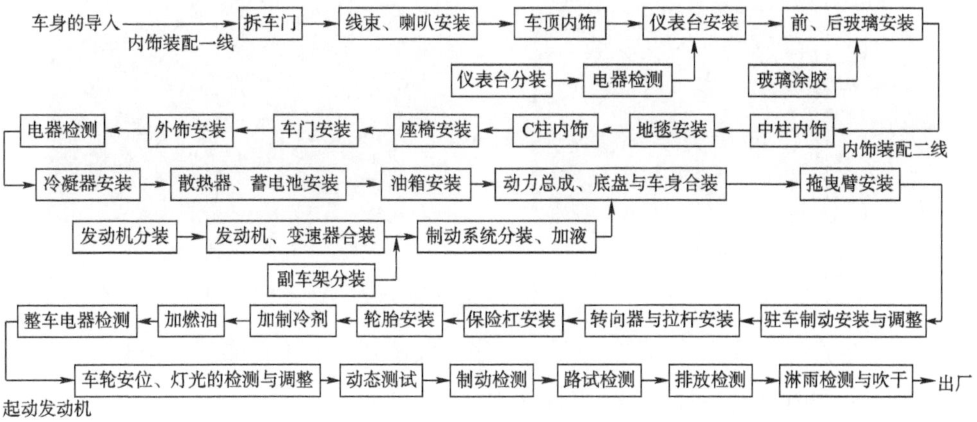

图3-48　汽车总装工艺流程

图3-49　总装线局部图

图 3-50　分装线

采用模块化生产可大大缩短总装生产的节拍时间，而且由于每一个总装模块就是一个功能相对独立的大系统，其系统功能和性能更容易得到保障，汽车总装质量得以明显提升。

汽车在总装配线上完成装配后，要对整车进行最终的检查、调整和修饰。汽车的检查和调试工作是汽车生产过程中的重要环节，是汽车质量控制的重要手段。汽车整车检验分为一般项目检验、检测线检测和路试检验三方面。凡是在调试、检验过程中发现的缺陷或故障均需返修，经检验合格后，才能完成其产品的最终检验，质检部门才能出具产品合格证书，进行竣工验收入库。图 3-51 所示为车门品质检测和整车在线检测。

a)车门品质检测　　b)整车在线检测

图 3-51　汽车检测

而在生产线布局上，小轿车的总装配线一般按照 S 型进行布局(不同汽车厂会有所区别)，且在总装配线旁设置有分装线，为主线在节点上提供总成或零部件，如仪表台、发动机、车门等。S 型布局的总装线如图 3-52 所示。

汽车总装配的工艺过程大致可以分为装配、调整、路试、重修、装箱、入库六个环节。

(1)装配。按一定的技术要求和作业标准，将各种汽车零部件、总成进行组合安装。同时，对于需润滑的部位加注润滑剂、冷却系统加注冷却液，基本达到组合后的汽车可以行驶的过程。

(2)调试。通过调整，消除发动机运转后和汽车装配中暴露的质量问题，使整机、整车处于最佳工作状态。

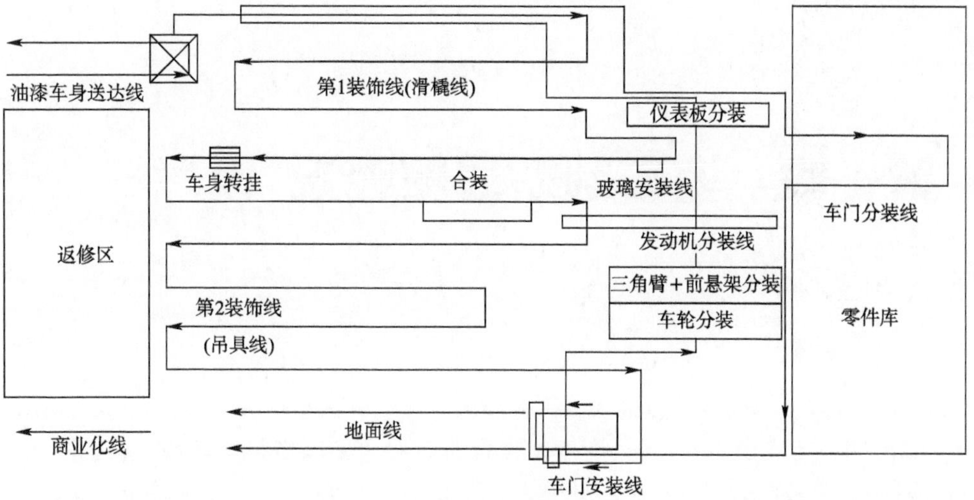

图3-52　S型布局的总装线

(3)路试。调整合格的汽车要经过3～5km的路面行驶试验,完成在实际情况下的各种工艺试验,充分暴露质量问题,以便于及时消除。

(4)重修。如调整和路试过程中暴露出不能在各自过程中消除的质量问题,要进行重修。重修不是采用特殊工艺对有质量问题的零部件或总成进行修复,一般都是换上新的零部件或总成。

(5)装箱。经过路试合格的汽车装配车箱,完成汽车的最终装配。

(6)入库。将完成装配并且合格的汽车放入库中。

现代汽车制造企业整体工艺思路是一致的,但不同的企业在细节上还是有所区别。

第4章　汽车制造职业概况

一、概述

随着汽车制造产业被确立为我国支柱产业，汽车制造行业的人才需求亦持续旺盛。据《中国汽车人才发展战略研究》报告显示，2015年中国汽车产业技术人员需求将突破500万人大关，到2020年达776万人。大部分企业在发展壮大的同时，都会积极进行后备人才的补充和培养。与此同时，汽车制造企业对员工综合职业能力和职业素养的要求也越来越明确。如何成为适合企业发展需要的技能型人才，是中职学校汽车制造类专业毕业生面临的考验。

建议完成本章学习时间为10学时。

二、学习目标

(1)简单叙述优秀汽车企业文化内涵；

(2)思考举例说明某些优秀汽车企业文化理念可应用在校园内和日常生活中；

(3)正确叙述汽车制造企业中技能员的工作职责；

(4)正确叙述在汽车制造企业技能员的职业发展通道；

(5)在教师指导下，参考企业对员工基本要求，制订个人职业成长发展计划。

三、学习探究

学习收获：

1. 汽车工业对社会的促进体现在哪些方面？

(一)典型汽车企业文化

企业文化是在现代化大生产与市场经济发展基础上逐步产生的一种以现代科学管理为基础的新型管理理论和管理思想。也是企业全体员工在创业和发展过程中培育形成并共同遵守的最高目标、价值标准、基本信念和行为规范的总和。在现代企业的经营中，企业间的竞争不再是以设备、资金、技术等为主要对象，而是以人为中心，以人为本的管理理念和企业文化为主要对象。如丰田汽车公司企业文化的五个核心。

不同企业有各自特点鲜明的企业文化，同时，优秀企业的企业文化会有其触类旁通之处。丰田汽车公司在实施精益生产(TPS)等一系列创新变革后,2008 年超越一直把持世界第一位置的美国通用汽车公司,成为汽车制造销售领域新的霸主。丰田公司企业文化:持续改善、现地现物、对人的尊重、团队合作、挑战,是全球先进制造业企业的优秀企业文化代表(图 4-1)。

2. 丰田的持续改善理念包含哪些主要原则?

1. 持续改善

1)持续改善的定义和原则

持续改善的思想植根于丰田精益生产方式的创立。持续改善(Kaizen)方法最初是一个日本管理概念,指逐渐、连续地增加改善。持续改善意味着改进,涉及每一个人、每一环节:从最高的管理部门、管理人员到工人。“持续改善”的策略是许多成功企业管理部门中最重要的理念,是企业竞争成功的关键。

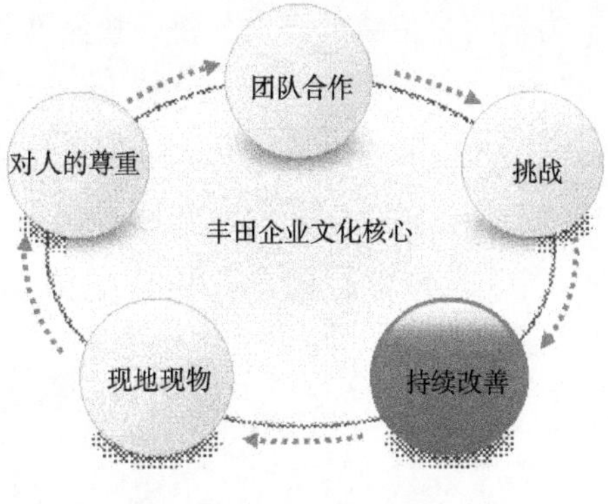

图 4-1　丰田公司企业文化

持续改善遵循的原则包括:

(1)丢掉对工艺原有的僵化看法。

(2)考虑怎样可以做事情,而不是找出不做的理由。

(3)不找借口,对现有方法质疑。

(4)不要追求完美,马上付诸实施,尽管只达到约定目标的 5%。

(5)立即纠正错误。

(6)不要对持续改善活动花钱。

(7)排除障碍,寻找解决方法。

(8)问上五次“为什么?”,并寻找真正的原因。

(9)集合大家的意见而不仅仅是个别人的主意。

(10)持续改善的可能性是无穷无尽的。

持续改善包括持续地改进工作,鼓励发明、革新,还包括彻底的“现场主义”,即直抵现场发现问题并做出正确的决策。

2)持续改善的应用实例

丰田是一个提倡持续改善、切实依靠自主创新获得发展动力的现代企业,为了让自主创新持续改善成为员工的一种习惯,丰田大力推行“创意改善提案制度”,在每一个岗位上倡导自我改善,每个月都会进行“个人安全改善提案”和“创意改善提案”的评比。“创新无论大小,只要去做就有收获。”丰田车间里的这句标语,道出了企业员工对自主创新的态度。小到 10cm 胶布的应用,大到对 e - CRB——全球至先进销售体系的改善,丰田坚持以自主创新为企业赢得不竭的发展动力。

实例 1 车门链轨道磨损改善。

2008 年 10 月 19 日,广汽丰田制造部总装科工人吴孙剑的“车门链轨道磨损改善”(图 4-2)提案正式实施,他因此得到了公司奖励的 400 元钱。

此改善方案通过自动加油机的使用,解决了人工加油不及时导致车门链轨道动力轨与自由轨的磨损。整个提案改善费用约 2000 元,但每月可以为广汽丰田节省 1383 元,而且每月节省工时 47h,工时节省率达到 91% 。最重要的是让因磨损产生的不良品从每月 0.4 个彻底降为 0。广汽丰田目前由员工自发设计的这个自动加油设备已经被全面推广。

图 4-2　车门链轨道磨损改善

实例 2 用磁铁代替胶布。

“用磁铁代替胶布”,也许会想到家里冰箱门上用磁铁贴着的留言条,方便快捷,还非常环保。而在广汽丰田员工卢德祥的创意改善提案里,把总装线上给下一工序的提示牌用小磁铁贴在车门板上(图 4-3),仅仅是这一个小小的生产环节改进,每月就为广汽丰田节省 7000 多元,每月节省工时 56h,更重要的是,可循环利用的磁铁,比起即用即弃的胶布来说,环保了不少。

图 4-3　用磁铁代替胶布

原来在此之前,广汽丰田工厂里,车门上的指示票是由作业者在第一个岗位上用两块胶布贴付到车门框架上,在最后一个岗位被作业者撕掉并废弃,而且使用了胶纸后的指示票不能被二次利用,这样下来,每日要废弃3200张用纸,由于要使用专用切纸机设备,平均每年需报废一台切纸机,而且粘贴作业所耗工时较长。

于是,卢德祥这位工作多年的资深员工,想了一个办法:用挂绳将小磁块悬挂于车门框架上,指示票用磁块来固定;指示票在最后一个岗位由作业者回收到专门的收集箱里,作为二次纸利用。这个贴付对策从根本上杜绝了胶布和纸张的浪费,也节省了切纸机损耗费用。

改善是为了提高效率,改善同时也是为了节能减排。在广汽丰田,卢德祥这样的想法称之为创意改善提案,这类提案广汽丰田在2009年大概收到了96161件。其中,为公司降低大量能源消耗与排放的改善提案比比皆是。2007年人均提案数为15个,2008年为16.4个,2009达到17.6个,而2010年前5个月超过20个,广汽丰田的要求每人每月一个。持续不断的改善,以及由此培养出来的员工,已经成为广汽丰田的核心竞争力之一。

2. 对人的尊重

丰田公司对人的尊重。"人"包含员工、供应商和顾客等。"顾客至上"是公司的核心信条之一,企业和每位员工将同一流水线员工和下一工作站的员工视为顾客,如此则会产生团队合作,最终获得高绩效。如果每个员工均认同和信守这一原则,员工将会不断地分析其工作,以便确认自己是否做得足够完善,没有麻烦到其他"顾客"。而这又培养了每位员工辨析工作中问题症结的自主性和能力。如果每个人都是密切关注这些事情,则必然会"持续改善"。可见,"对人的尊重"是"持续改善"的根基,是丰田公司最重视的。

3. 企业文化中对人的尊重具体体检有哪些方面?

例如,生产线上的"同步台车"(图4-4)既可以使作业者方便地拿取到所需物品,还可减少来回步行的动作以及和车身的接触,明显减少车身涂面划伤。再如,相比不少厂家的人工搬抬,广汽丰田在所有超过10kg的零件安装过程中,都采用辅助运输装置,协助搬运和防止重物掉落伤人。

图4-4　生产线同步台车

丰田公司尊重人表现在两方面：一是通过各种制度、活动、渠道增进彼此的理解，鼓励承担责任，建立互信；二是重视团队建设（图4-5），鼓励个人和职业的成长，让员工能分享公司成长的成果，并将个人和团队绩效极大化。丰田有句著名的口号：“丰田既要造车，也要造就人”。

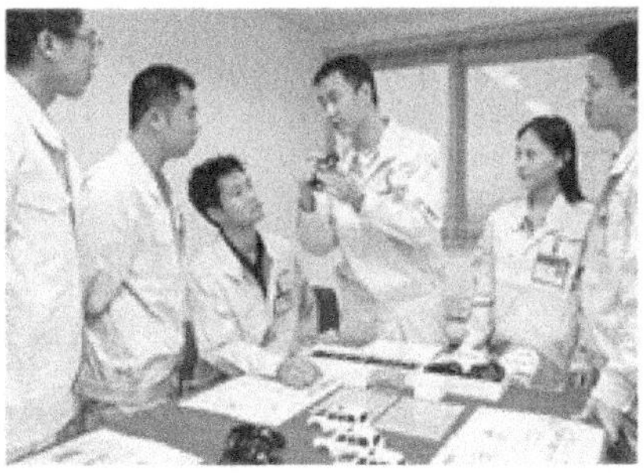

图4-5　丰田员工培训

重视对员工的培养。丰田始终坚信：拥有领先世界的生产设备只是起点，人，才是卓越品质的最佳保障。所以丰田除了着力培养具有世界级技术水准和质量保证意识的团队外，在生产管理上，更精心营造人与人之间的和谐氛围，用心构筑最具人性化的工厂，充分发挥人与科技的完美结合的优势，真正实现对科技的突破。

3. 现地现物

现地现物的意思是生产车间里实际的零部件和生产现场。但对丰田来说，这意味着要亲自看到实际情况，掌握一手信息，以深入理解目前的状况。这是丰田贯彻于整个公司的丰田生产方式四大核心原则之一（Liker，2004）。这种方法既是精益产品开发体系的关键，也是培养新工程师的基础。正如丰田汽车公司的创始人丰田喜一郎所指出的：“绝不要相信一个不必洗手就可以去吃饭的工程师。”

实例：组长管理看板（图4-6）的应用也是丰田生产方式的重要组成部分。生产线对人员、机械、物料、作业方法、环境5个变化点实施管理，对车辆做到全工程变化点确认。GL管理看板是现场管理者对全工程变化点进行目视化管理的工具，生产线的变化点都会在看板上显示出来，管理者对变化点进行重点监控。例如，当生产线上的一个作业者休假，会由班长来顶替他的岗位，这时会在该人像的旁边摆上一个人字的标识，说明作业人员有变化。生产线上班长会对他的作业方法和作业质量一项项确认，同时生产线的组长也会每隔2h对他的作业情况进行确认。

图4-6　生产线看板

(二)汽车制造就业岗位及职业发展通道

人力资源是企业发展生产力的第一资源,是公司的核心竞争力。目前,技能型人才、高素质劳动者是汽车等制造企业紧缺的人才。中职/技校类院校毕业生刚进入汽车制造企业,主要从事生产制造部门各大车间“操作技能员”就业岗位(图4-7)。

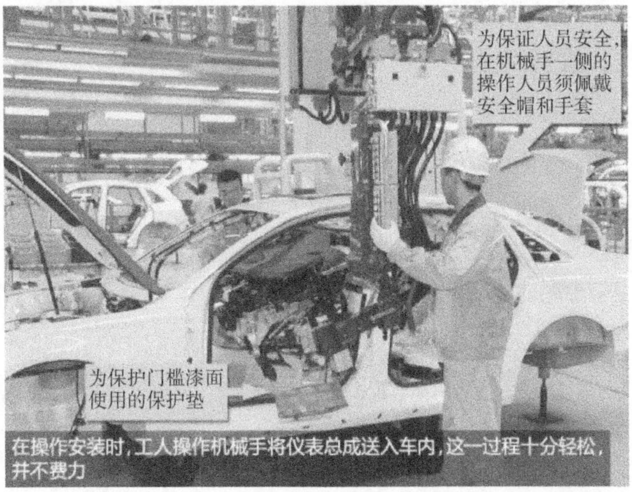

a) 总装线岗位作业

b) 车身制造(涂装)岗位作业

图4-7　操作技能员就业岗位

1. 操作技能员职责描述

(1)从事车间一线生产操作岗位工作。

(2)按作业标准书要求及时完成本岗位作业,确保作业安全。

(3)认真做好现场记录,出现异常及时报告。

(4)按规定进行5S活动。

(5)协助上级及同事完成其他生产任务及工作。

4. 汽车制造企业操作技能员的工作职责有哪些?

2. 职业发展通道

操作技能员在汽车制造企业属于生产一线岗位技术应用型职业岗位，其职业有着广阔发展通道。主要包括按照能力体系发展提升通道（通过不断提升自己的技能水平和综合能力）和职务体系晋升的发展通道，以及从事设备管理类等职业发展方向（图4-8）。

1）能力体系发展通道

操作技能员能力发展通道如图4-9所示。

图4-8　操作技能员职业发展方向

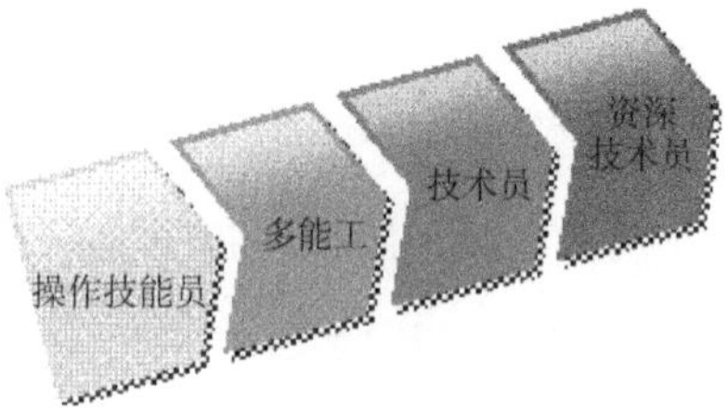

图4-9　能力发展通道

2）职务体系发展通道

职务体系发展通道如图4-10所示。

5. 在汽车制造企业内操作技能员的职业发展通道有哪些？

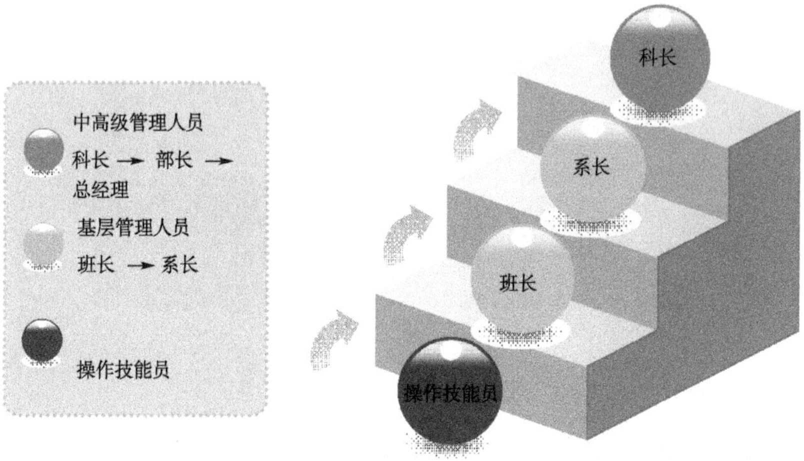

图4-10　职务体系发展通道

3. 企业提供完善的成长培训体系

企业对新入职实习生、新员工设置了从公司到部门、班组各个层级的学习培训，帮助员工尽快适应工作环境，融入企业，制订出个人提升发展计划。

汽车制造企业新员工导入培训具体方案：技能人才培养体系设置三个阶段，每个阶段都有专门的考核。第1阶段是新员工要接受2周的12种基本技能培训；第2阶段则要接受1个月的班长1对1指导的线下实车训练；第3阶段是线上跟踪训练，由专人跟踪指导。新人要能够实现连续3000台零不良才能真正独立上岗。

图4-11所示为某汽车制造公司员工职业生涯培训计划安排。图4-12所示为汽车生产制造现场。

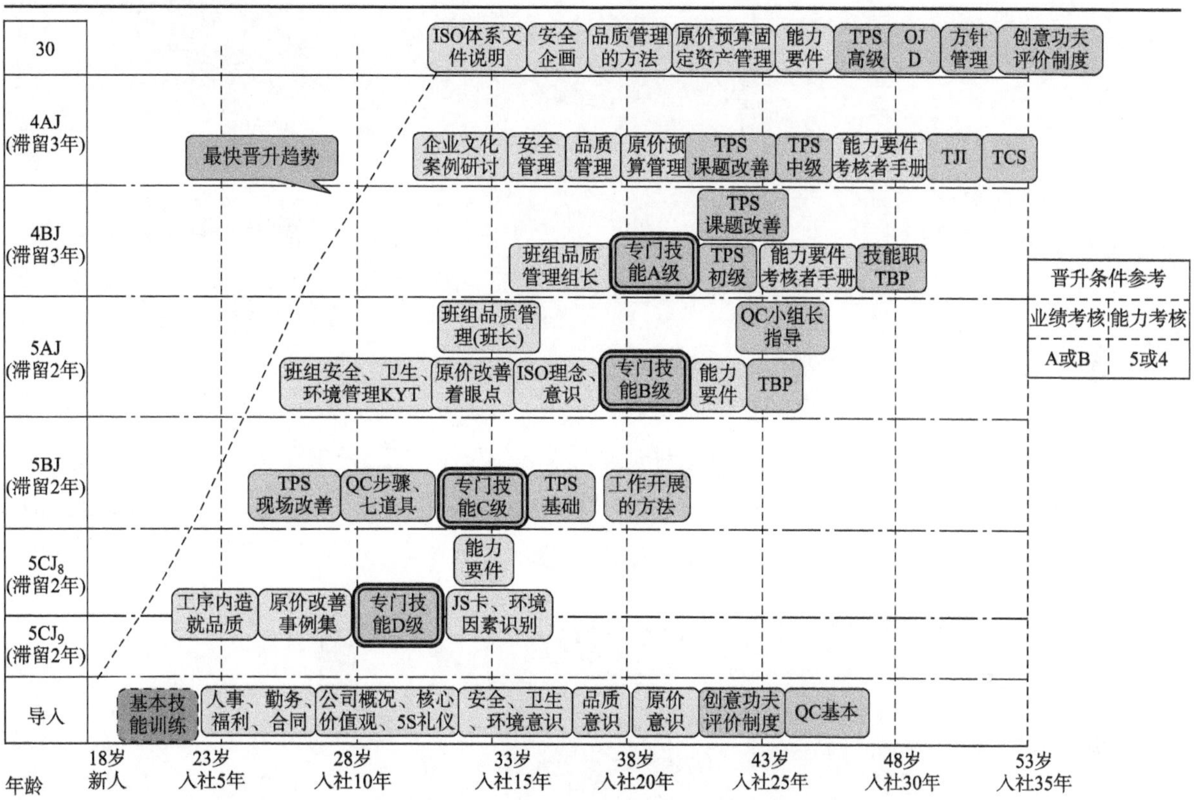

图4-11　某汽车制造公司员工职业生涯培训计划

4. 企业用人标准

企业在招聘录用实习生、新员工时，会依据自身的用人机制、用人标准考虑，以及结合各自的企业文化对新入职的实习生、新员工提出具体职业要求。其中，企业最看重的是新员工的心态表现，同时，新员工的基本素养和专业基本技能也是企业重要的参考内容(图4-13)。

图4-12　汽车生产制造现场

(三)中职生如何融入汽车制造企业

1. 进入企业初期容易碰到的问题

刚走出校门工作的实习生，人生阅历浅薄，缺乏社会工作经验，自我控制能力不强，心理承受力

6. 实习生进入企业初期容易碰到哪些问题？

差，容易受到各种因素的影响，从而自信心产生动摇，造成心态不稳定，工作不达要求等情况。常见的问题有以下几个方面。

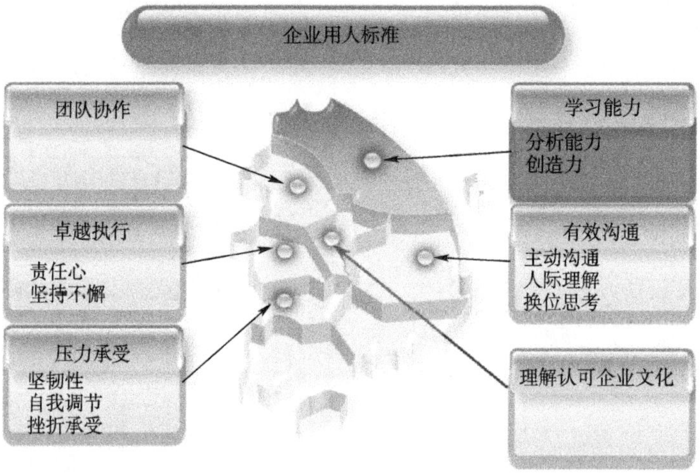

图 4-13　企业用人标准

1）对企业的管理做法不适应

通常实习（毕业）生对企业的管理做法不适应，是由于实习（毕业）生对企业的员工守则认识不够、对企业的执行力认识不足、对职场礼仪认识不足、对自己的工作内容认知不够清晰等因素引起（图 4-14）。

图 4-14　对企业的管理做法不适应

2）对自己的定位不够清晰

部分实习（毕业）生初入职场没多久就开始抱怨，总觉得企业对自己重视不够，尽干些简单又重复的工作，其根源在于这些实习（毕业）生对自己定位未够清晰，心态过于浮躁所致，以及对企业有意观察和考验新人，或检验新员工对企业文化接受程度这一阶段还没有清楚认识。

3）在工作中急于表现自己

一些实习（毕业）生往往会急于展现自己的才华和实力，盼望尽快得到他人的认可,因而表现过于张狂,甚至高傲自大。这样做的后果,只会适得其反。

图4-15　对自己定位不够清晰

图4-16　在工作中急于表现自己

4)易受误导,定力不够

新人刚到岗工作,容易听信某些老员工传达一些负面信息而受影响,令自己的职业观和价值观出现偏错。甚至有些老员工感觉到威胁,会用各种方式和手段误导新人,促使新人离开。当新人听信误导后,自己缺乏正确判断力,从而做出错误行为,被企业淘汰或自己离职放弃工作机会。

图4-17　易受误导,定力不够

中职生在实习过程中各阶段经历的心理变化:

(1)刚进入企业时——新鲜感。

(2)学习到新的技能知识时——激动感。

(3)各项工作不懂时——彷徨感。

(4)每日做重复简单工作时——厌恶感。

(5)长时间不能参加负责有难度工作时——失落感。

(6)不能调到心仪工作岗位时——失意感。

(7)与同学比较发现自己工作时间长或待遇更低时——不平衡。

2. 中职生在实习/工作初期产生困惑难以坚持的原因

1)对参加实习的目的和意义没有正确认识

目前,许多中职学校采用2+1人才培养模式,即学生在校学习两年专业知识和技能,再到对口专业的企业单位顶岗实习一年。其目的是增加学生的社会实践机会,利用社会教育资源,提高学生综合职业能力,尽快适应社会,为将来正式就业、融入社会打好坚实的基础。顶岗实习既不是在学校的教学实习,又不是毕业生就业工作,它是职业学校教学计划中的重要组成部分,是学校根据专业培养目标,有目的、有管理地推荐学生或学生自主择业到专业对口的企业进行实习的过程。学生如在企业顺利完成实习,将获得相应的实习学分,顺利毕业。如果学生对此没有正确的认识,就容易出现各种各样的问题,难以坚持完成实习,严重的将不能顺利毕业。

2)对自己在实习期的身份不明确

中职生在第三年参加顶岗实习的阶段仍然是学校教学计划内的学习阶段,他们是要在正常完成顶岗实习之后,获取相应的学分才能顺利毕业。部分学生未能正确认识到自己在企业顶岗实习期间所具有的双重身份,即:“既是学校的学生又是企业的实习员工,既要服从学校的监督又要服从实习单位的管理。”如对这种身份不明确的话,会容易出现各种各样的问题,使学生难以坚持并造成不良的后果。

3)从学生身份向社会劳动者角色的转变准备不足

中职生在学校的学习过程中是按学校的教学管理模式进行学习和生活的,学生如果违规,老师主要以批评教育为主。而中职生在顶岗实习期内,实习单位是完全按企业的规章制度来进行管理的。部分中职生由于没有意识到应向企业员工的角色转换,致使在实习中较难进入正常工作状态,容易出现各种各样的错误而导致无法坚持实习。

4)对自己在实习期的定位认知不正确

中职生在第三年到专业对口的单位进行实习,从学校走向社会,人生的职业生涯才刚刚开始,学生的职业能力和社会经验也才开始累积。部分中职实习生对自己的职业生涯没有做好基本的规划,对自己在实习期的定位没有正确的认知。有的觉得自己很了不起,好高骛远,对自己期望过高;有的觉得自己什么都不行,对实习充满畏惧。这两种情况对实习生能否坚持实习都会产生不良的影响,结果往往不是被淘汰就是自行离职。

5)对行业和岗位的认识不足

部分学生在学校学习过程中,对汽车制造行业不太了解,特别是对自己所学的专业将来可以从事的工作岗位不清楚,对相应岗位的工作人员应具备哪些职业能力和专业技能不清楚,造成学生在学校学习过程中未能做好相应的心理上、生理上、专业技能上以及职业能力上的准备，对自己的职业走向未能做好基本的规划。在这样的情况下，学生在参加顶岗实习前对自己该适合到什么企业、该做什么岗位、自己的优势和劣势在哪等都没有清晰的认识，在选择用人单位和面试时茫然无措，要么是随大流，要么是随便选个单位去实习，这些都会很容易导致实习生在单位实习一段时间后，自己觉得不合适而离职，或者是实习单位认为实习生不适合留用而将其辞退。

6）存在互相攀比的心理

由于中职生的生活阅历较浅，受社会上各种诱惑的影响，过于计较实习待遇和工作条件，普遍存在相互攀比的心理。实习期间，同学之间喜欢互相比较实习待遇和工作条件。由于参加顶岗实习的学生常常分布在许多不同的地区和单位，各地区和单位存在经营环境的不同和生活水平的差异，其工作条件、劳动强度和实习待遇都会有所差别。在互相比较的过程中，一些工作条件稍差、劳动强度稍大，或实习待遇相对低的实习生容易出现心理不平衡和心态浮躁的现象，从而影响到实习生的正常实习工作，甚至导致不能坚持实习而离开实习单位。

7. 实习生在企业容易困惑难以坚持的原因有哪些？

7）自尊心过强、承受挫折能力太弱

由于中职生的社会阅历和工作经验十分欠缺，刚到实习单位工作时，难免会犯错误，不可避免地会受到师傅和领导的批评和责难。一些学生由于从小到大在家里或学校中从来没被人严肃批评或责难过，自尊心很强。当他们在企业实习中犯错误或不会干而受到师傅或领导的批评或责难时，由于自尊心过强，承受不了挫折而难以坚持实习，最终离开实习单位。

8）规范操作能力不足，缺乏安全意识

中职生在汽车类职业学校都有机会学习汽车专业的相关知识，并学习一些基本操作技能。但部分学生由于学习能力不强，在学校未能学好相关的专业知识和规范的实操技能，缺乏安全意识，对违规操作所带来的危害没有足够的认识。到实习单位进行工作时，由于企业的工作环境比学校的实训场地复杂，工作现场中在产品、物料、工具等的运作比较频繁。部分实习生由于规范操作能力不足，缺乏安全意识，在实习中很容易发生违规操作而损坏物件或身体受伤的事故，导致实习难以坚持。

9）自以为是，缺乏沟通和团队精神

现代企业的运营需要团队的整体合作，每位成员相互配合，共同努力，才能高质高效地完成任务。而部分学生因为习惯唯我独尊，自以为是，什么事都先考虑自己的得失，缺乏与人沟通的能力和团队精神。因此，在实习过程中往往习惯独来独往，碰到问题也不善于与人沟通。这样容易造成实习生在企业实习时难以融入集体，错过很多被大家关怀和帮助的机会，甚至容易导致人际关系紧张，最终因难以坚持实习而离开,不能顺利完成实习任务。

10)不能吃苦,存在依赖心理

中职生在实习时普遍不满十八周岁,部分学生因家境不错,生活条件较好,从小到大过惯了舒适随意的日子,缺乏吃苦耐劳的精神。在实习期嫌工作环境不好、管理严格、工作累、待遇低而难以安心工作。有些学生的独立生活能力较差,不能独自克服在外地实习时生活上遇到的困难。另外,部分家长过于溺爱自己的孩子,认为孩子年龄还小,不想让其过早参加工作,从而造成学生对家庭的依赖性比较大,对参加实习的欲望不高,在实习中稍有困难或不顺心就轻易放弃。图4-18所示为实习现场。

图4-18 实习现场

3. 中职生如何快速融入企业

中职生在进入企业实习后,将面临种种新事物、新问题,尤其是在新环境、集体里人与人如何相处的问题。每个同学的学习能力、适应新环境能力以及心理预期等不尽相同。如何能顺利融入集体,适应新的工作环境,并在新环境下处理好工作、学习以及与同事的人际关系,很大程度上取决于同学对自己职业规划的认识和对各种职业能力的掌握程度,以及是否已经做好了面对实习、工作的心理准备(图4-19)。

在实习开始前,学习了解企业文化的内涵,对中职生能快速融入企业能起到很大作用。因为,作为企业的一员,如果能将企业文化内化于心里,在日常工作、学习上运用企业文化理念,成为该文化执行者和传播者,就能尽快适应新环境、迅速被企业认可,为集体成员接纳。

(1)如何让别人接受你。与人交往态度上要谦虚,礼貌待人。在日常工作中应主动承担工作任务。同时,服从单位领导在工作上的安排。

(2)实习生在企业的正确做法。努力做到上班早到,下班迟走,踏实、肯干(图4-20)。

(3)尽快了解、熟悉企业文化。理解、认可、执行、传播。

图4-19　快速融入企业

图4-20　踏实肯干

4. 如何坚持

中职生的实习期大多是进入企业生产一线岗位实习工作，前期工作内容基本都是干简单而又重复性的工作。如何坚持下来，树立正确的就业观和人生观，打好坚实基础，为今后职业发展创造有利条件。应从以下几方面着手：

(1)正确的工作态度。谨记吃苦耐劳的精神，踏实可干的品质，要有长时间磨炼、积累的心理准备。

(2)要有学习能力、进取心和竞争意识。现代社会是不断发展进步、充满竞争的社会。汽车科技日新月异，要想职业发展顺利，在竞争中立于不败之地，就要快速学习新知识、新技术，提高自学能力，保持自己的就业竞争力。

(3)在实习期遇到困难和苦恼时，要思考以下几个问题：

①你正处在什么阶段，定位如何？

②你了解所在企业的用人方式吗？

③你认为各方面的能力和变现达标吗？

④你为企业创造了多少效益？

8. 思考毕业生应如何才能融入企业，做合格的企业员工？

参 考 文 献

[1] 屠卫星. 汽车文化[M]. 北京:人民交通出版社,2005.

[2] 唐顺华,黄关山. 汽车文化[M]. 北京:人民交通出版社,2011.

[3] 黄敏雄. 汽车文化[M]. 北京:人民邮电出版社,2013.

[4] 程国华,程盛. 百年汽车工业[M]. 北京:机械工业出版社,2007.

[5] 林平,林龙,赵玉梅. 世界汽车发展的历程[M]. 北京:机械工业出版社,2012.

[6] 俞宁,曹建国. 汽车文化[M]. 重庆:重庆大学出版社,2004.

[7] 陈新亚. 汽车为什么会跑[M]. 北京:机械工业出版社,2011.

[8] 仇雅莉. 汽车发动机构造与检修[M]. 北京:机械工业出版社,2006.

[9] 董宝承. 汽车底盘构造与维修[M]. 北京:机械工业出版社,2005.

[10] 孙建民. 车辆制造工艺[M]. 北京:北京大学出版社,2014.

[11] 张友根. 汽车塑料件成型加工技术的分析研究[J]. 塑料制造,2011.

[12] 邢春霞. 汽车结构与拆装[M]. 北京:人民交通出版社,2013.